¡Ármate de valor!

Cómo fortalecer tu vida después de perder a tu cónyuge

con contribuciones de:

Bruce McLeod

Rev. Gary Vossler, M. Div. (Master en Divinidades)

Joy Ost

Linda Smith, BS (Licenciada en Ciencias)

Lisa Greene, MA (Master en Humanidades), CFLE (Especialista en Puericultura)

Mary Beth Woll, MA, LMHC (Licenciada en Psicología Clínica y de la Salud)

Nancy Honeytree Miller

Capellana Roberta Reyna, MA (Master en Humanidades)

Ruth Ost-Martínez

RECOMENDACIONES

¡No se me ocurre un mejor título para un libro que *¡Ármate de valor!* Las primeras palabras que escuché de Dios tras perder a quien había sido mi esposo por casi veintiocho años, mi compañero de ministerio, mi mejor amigo y mi confidente, fueron: "El valor trae consigo claridad; la cobardía trae consigo confusión". Debía caminar con valor para encontrar la dirección que tendría que seguir en los días por venir. El poder que proviene del ánimo y las sugerencias prácticas que recibes de personas que han pasado por lo mismo es tangible y vivificante para quienes debemos comenzar de nuevo. Al escuchar el recuento del esfuerzo que han requerido y el éxito que han alcanzado, entendemos la realidad y nos da confianza en que nosotros también podemos salir adelante. Que te reafirmen que llorar no sólo es bueno, sino también recomendable, te cura; y sentir la libertad de aplicar lo que puedas del libro al ritmo y en el momento que lo consideres apropiado es el mejor consejo. Linda, Mary Beth, Nancy, Bruce, Ruth, y los demás autores fueron la bendición que Dios me envió cuando más la necesitaba. Doy las gracias a todos, desde lo más profundo de mi corazón, por su transparencia, fidelidad y amor.

Pattie Klewer
Esposa de pastor, copastora de solteros durante veintisiete años
New Covenant Church, Longview, Texas

Tengo muchas amistades aquí, en México, que están de luto por los seres amados que han perdido. Están buscando palabras de consuelo para aliviar su dolor tan profundo. *¡Ármate de valor!* satisfará su necesidad. Ayudará al lector a entender que es bueno llorar, sentir tristeza, pedir ayuda y cuidar de uno mismo. Los autores son muy elocuentes al explicar no sólo cómo procesar el duelo normal, sino también cómo procesar el duelo complicado. Comparten lo que han aprendido al experimentar ellos mismos el duelo. Recomiendo ampliamente el libro *¡Ármate de valor!* para quienes buscan empatía y valor. Agradezco tanto su apoyo en mi travesía de duelo.

Ruth Avendaño, Administradora de
LEGADO DE ACOMPAÑAMIENTO: CONSOLADOS PARA CONSOLAR

¡Es con gran aprecio y anticipación que recomiendo la lectura de *¡Ármate de valor!*, escrito en parte por dos personas que se convirtieron en hermanas en su viudez. Después de estudiar No te desalientes ¡No pierdas la fe!, esta gran adición a sus escritos alentará a las viudas y los viudos en la travesía tan difícil que representa la pérdida de su cónyuge.

Estos autores la han vivido a título personal. Los diversos temas que plantea *¡Ármate de valor!* hablarán de los múltiples desafíos que enfrentará cada viuda y viudo. Aplican la Palabra de Dios para confirmar Sus enseñanzas sobre la viudez. El dolor es real, y este libro abordará tu duelo y lo que necesitas para vivir después de enviudar.

Cindy Rose
Presidenta de Seattle Widows

Este libro surge de la experiencia de personas reales, quienes sufrieron pérdidas reales, encontraron aliento real, en tiempo real, de un Dios real y presente. Al leer las reflexiones, los testimonios y las recomendaciones de estos autores, reconocí el cumplimiento de la promesa que hace Pablo en 2 Corintios 1:3-5:

> Bendito sea el Dios y Padre de nuestro Señor Jesucristo, Padre misericordioso y Dios de toda consolación, quien nos consuela en todas nuestras tribulaciones para que, con el mismo consuelo que de Dios hemos recibido, también nosotros podamos consolar a todos los que sufren. Pues, así como participamos abundantemente en los sufrimientos de Cristo, así también por medio de él tenemos abundante consuelo.

Los autores de este tomo sufrieron una gran pérdida, recibieron el consuelo de Dios, y ahora poseen la fuerza del Espíritu Santo para ayudar a otros en sus experiencias personales. Les recomiendo tanto la lectura de este tomo como el ministerio de The Widows Project. Encontrarás inspiración e instrucción.

Rev. Leslie E. Welk
Consejero pastoral de Ministry Resources International
Antes superintendente de Northwest Ministry Network

Gracias por caminar a través de ese valle de sombra de muerte conmigo y otros, sosteniendo nuestros corazones y estabilizando nuestras rodillas débiles con oídos atentos y manos amigas. Me han ayudado a ver el dolor como aflicción y antídoto, a encontrar esperanza y descanso para mi alma.

Charlene Baldwin
Autora, profesora de Biblia, misionera, esposa de pastor

Mary Beth Woll y Linda Smith han liderado la publicación de un gran libro sobre el duelo y la viudez. Nueve autores comparten las experiencias personales que vivieron al enviudar. Ofrecen una gran visión personal de sus propias vivencias. Los capítulos están llenos de las luchas y victorias personales que experimentaron en sus vidas. Plantean grandes preguntas de reflexión al final de cada capítulo que el lector puede aplicar a su propia situación.

Conozco a Mary Beth desde hace muchos años como su pastora y amiga. La he visto vivir lo que enseña. Ella y Linda Smith ayudan a dirigir The Widows Project, y tienen un gran corazón por la gente que ha enviudado. Mary Beth y Linda son mujeres misericordiosas y llenas del carácter de Cristo. Lee el libro y llora (con un llanto curativo), y verás que tu alma se siente apoyado y fortalecido. Recomiendo ampliamente este libro.

Dr. Dan C. Hammer
Sonrise Christian Center
Líder apostólico sénior
Presidente, Seattle Bible College

¡Ármate de valor!

CÓMO FORTALECER TU VIDA DESPUÉS DE PERDER A TU CÓNYUGE

Un libro escrito en colaboración
por nueve autores internacionales,
editado por Linda Smith, BS y Mary Beth Woll, MA, LMHC

Todos los versículos citados se tomaron de la
Nueva Versión Internacional de la Biblia,
salvo que se indique lo contrario.

©2022, The Widows Project

Todos los derechos reservados. Queda prohibida la reproducción total o parcial de este libro, su almacenamiento en un sistema de recuperación de datos o su transmisión de cualquier forma o por cualquier medio, ya sea electrónico, mecánico, fotocopia, grabación, escaneado u otros, salvo breves citas en reseñas críticas o artículos, sin la autorización previa y por escrito del editor.

ISBN: 979-8-218-31920-5
Diseño de la portada: David Woll
Distribución de contenidos/Edición independiente: Kristi Knowles

DEDICATORIA

A los viudos y viudas del mundo,
¡los amamos!
¡Saldrán adelante
con la ayuda de Dios!

Con cariño,

Los autores de ***¡Ármate de valor!***
y The Widows Project

AGRADECIMIENTOS

Rolland Wright
Gracias por tu liderazgo visionario al fundar
The Widows Project. Has cambiado tantas vidas en todo el mundo, y
has abierto un camino que otros podrán seguir. ¡Gracias!

Ruth Ost-Martínez
Gracias por soñar que cada autor escribiera un capítulo, "para luego
juntarlos en un libro".
¡Muchas veces estás divinamente inspirada!

Nancy Honeytree Miller
Muchas gracias por el concepto de este libro
colaborativo y por reunir a todos los autores.
¡Qué gran milagro!

Los autores de *¡Ármate de valor!*
Gracias por sus sentidas contribuciones nacidas
de su propia aflicción y pérdida, y por perseverar
a través del dolor para brindar consuelo a incontables personas.

Kristi Knowles, nuestra increíble editora
¡Eres increíble! Tus dones y talentos, ofrecidos a
Dios y a nosotros han hecho posible este trabajo.
¡Muchas gracias!

David Woll, artista gráfico
Tu excelente creatividad y experiencia en el diseño
de la portada y los gráficos interiores de este libro nos han
brindado una imagen inspiradora y reconfortante.
Muchas gracias por prestar tus talentos
a las viudas y viudos del mundo.

PRÓLOGO
escrito por el Rev. Mark Ost, misionero en Francia

Me da tanto gusto presentarles este libro, **¡Ármate de valor! Cómo fortalecer tu vida después de perder a tu cónyuge**. Durante cuarenta y cuatro años he sido pastor de diferentes grupos en diversos entornos culturales. Siempre me ha intrigado aprender a consolar y acompañar a los miembros de la iglesia y a sus familiares en momentos de profunda aflicción mientras dan descanso a sus seres queridos.

He acompañado a más de cien personas en su último aliento. Luego, he ha tocado ayudar a sus seres queridos a atravesar el "valle de sombra de muerte". Los atiendo hasta que están en paz y listos para consolar a otros que se encuentran en la misma aflicción.

Un día, recibí una llamada de mi hermana, Ruth Ost-Martínez, una misionera en México quien había sufrido la pérdida de su esposo Victorio el año anterior. Me dijo que estaba tratando de consolar a otras viudas que habían perdido a sus maridos durante la pandemia de COVID, incluso mientras Dios consolaba su propio corazón quebrantado a través del ministerio de The Widows Project. Se estaba preparando para capacitar equipos y asistir a cientos de mujeres. Sin embargo, siguió escuchando sobre docenas de hombres que habían perdido a sus esposas y también necesitaban apoyo.

Me pidió que la ayudara a descubrir cómo lograr que los hombres se acercaran a los viudos. Inmediatamente le dije que me comunicaría con algunos pastores. Estaba seguro de que pronto tendríamos un grupo de hombres que estarían dispuestos a ministrar a los viudos.

Sin embargo, grande fue mi sorpresa al escuchar las respuestas de estos pastores. Aunque estaban en el ministerio, como no habían enviudado, sentían que no estaba bien caminar junto a los que estaban de luto. Y, ¿quién podría culparlos? ¡Ninguna denominación o familia eclesial en el mundo había anticipado o estaba preparada para una pandemia que causaría que miles de familias sufrieran un dolor repentino!

A estos pastores les resultó difícil consolar a los hombres que lloraban después de perder a sus esposas. ¿Cómo podrían ayudarlos a alcanzar la paz y que finalmente pudieran decir: "De acuerdo, pastor, realmente siento que mi alma se encuentra bien. Ahora bien, ¿a quién puedo consolar?".

Durante seis meses, nueve autores internacionales, incluidos Ruth y yo, nos reunimos en línea con Mary Beth Woll y Linda Smith para estudiar su libro **No te desalientes ¡No pierdas la fe!** Estas mujeres nos enseñaron lo que habían aprendido mientras vivían su propia viudez. * Pronto entendimos que ministrar a hombres y mujeres que están de luto sería un compromiso a largo plazo. A través de las redes sociales, establecimos un encuentro semanal virtual para viudas y viudos.

De este grupo surgió la idea de que necesitábamos colaborar para escribir un libro que abordara específicamente el primer año crítico después de perder a un cónyuge. Necesitábamos brindar "primeros auxilios" emocionales a quienes estaban en duelo y actuar como "socorristas" en sus vidas. Varios autores de México y Estados Unidos pusieron manos a la obra, mostrando la compasión del Padre al compartir sus experiencias personales. Cada uno de ellos escribió sobre temas que son vitales para los primeros días y semanas después de perder a un ser querido. Semana tras semana, uno de nuestros nueve autores presentó un nuevo capítulo de **¡Ármate de Valor!** al grupo. Luego, nos dividimos en pequeños grupos, compartimos, lloramos juntos y oramos unos por otros.

El libro que tienes en tus manos se escribió mientras enseñábamos, consolábamos y atendíamos a nuevas personas sufriendo un duelo. Fue muy emocionante darme cuenta de cómo el Señor había consolado y equipado milagrosamente a quienes compartíamos un único deseo: consolar a otros con el consuelo de Dios que nosotros mismos habíamos recibido (2 Corintios 1:3-5).

Muchas de las personas en el equipo que Dios reunió estaban consolando a otros, incluso mientras ellos mismos eran consolados día tras día. Juntos, aprendimos mucho. Vimos la unción de Dios en nuestras vidas, sanando los corazones rotos. Realmente vivimos el propósito de la iglesia como se indica en Isaías 61:1-3:

> El Espíritu del Señor y Dios está sobre mí, por cuanto me ha ungido para anunciar buenas noticias a los pobres. Me ha enviado a sanar los corazones heridos, a proclamar libertad a los cautivos y la liberación de los prisioneros, a pregonar el año del favor del Señor y el día de la venganza de nuestro Dios, a consolar a todos los que están de duelo y a confortar a los dolientes de Sión. Me ha enviado a darles una corona en vez de cenizas, aceite de alegría en vez de luto, traje de alabanza en vez de espíritu de desaliento. Serán llamados robles de justicia, plantío del Señor, para mostrar su gloria.

Vivir esta Escritura se convirtió en nuestra meta mientras orábamos, amábamos y dedicábamos nuestro tiempo. Hicimos un seguimiento de los miembros del grupo escuchando con corazones sensibles largas conversaciones telefónicas, valorando cada historia individual. Formamos grupos más pequeños para edificarnos y consolarnos unos a los otros. Vimos al Señor atraer hacia sí a hombres y mujeres. Sabíamos que, en última instancia, Él es el único que puede brindarnos un consuelo duradero.

Para facilitar este esfuerzo, mi hermana Ruth contó con el apoyo de personas que le ayudaron a traducir cada capítulo de *¡Ármate de valor!* al español. En ocasiones, Mary Beth y Linda enseñaban con la ayuda de intérpretes. Los autores y pastores Bruce, Gary, Ellis y yo adaptamos los capítulos para los hombres a los que contactábamos cada semana. Un par de pastores viudos de los grupos participaron dando sus testimonios sobre cómo el Señor había "convertido su lamento en danza" (Salmos 30:11).

Al momento de escribir estas líneas, hemos tenido el gusto de ministrar directamente a más de ochocientos cincuenta viudas y cien viudos. Le pido a Dios que este libro nos haga conscientes de que, así como hemos recibido consuelo de Dios, Él también nos ha dado la capacidad de consolar a otros. Este mundo está lleno de personas que necesitan que las consolemos y las alentemos. Que todos seamos encontrados como trabajadores fieles en la cosecha de Dios, mientras nos comprometemos a consolar a otros con Su Palabra y la maravillosa promesa de que Él estará con nosotros siempre, "hasta el fin del mundo" (Mateo 28:20).

Rev. Mark Ost
Misionero en Francia, pastor del Centro de Fe, Esperanza y Amor de París

* También solicité que ***No te desalientes ¡No pierdas la fe!*** se traduzca al francés. Nuestra intención es abrir pronto grupos en línea con el nombre "Consolados para consolar a otros" en Francia y en todo el mundo francófono.

Table of Contents

Capítulo 1 3
¿Está bien llorar?
por Ruth Ost-Martínez

Capítulo 2 11
Yo Perdono
por Joy Ost

Capítulo 3 17
¡No tengas miedo!
 por Mary Beth Woll, MA, LMHC

Capítulo 4 25
Canta cuando no puedas entender
por Nancy Honeytree Miller

Capítulo 5 33
¡Ora, ora, ora!
por Capellana Roberta Reyna, MA

Capítulo 6 43
El autocuidado en tu viudez
por Linda Smith, BS

Capítulo 7 55
¿Ahora qué? Encontrar un propósito durante y después de la pérdida
por Ruth Ost-Martínez

Capítulo 8 63
Reconstruir
por Bruce McLeod

Capítulo 9 73
Seguir adelante
por Linda Smith, BS

Capítulo 10..85
Duelo complicado
por Mary Beth Woll. MA, LMHC

Capítulo 11..93
Paternidad viuda: consejos para ser padres después de una pérdida
por Lisa C. Greene, MA, CFLE

Capítulo 12 103
Mi nueva identidad
por el Rev. Gary Vossler, M. Div.

Una última palabra.. 110

SOBRE LOS AUTORES 111

¡Ármate de valor!

Cómo fortalecer tu vida después de perder a tu cónyuge

Capítulo 1
¿Está bien llorar?
por Ruth Ost-Martínez

Eran las seis de la tarde de un domingo. Abrí la puerta de mi habitación, una vez más, para enfrentar la desgarradora realidad de que Victorio, mi pareja durante cuarenta y ocho años, nunca volvería. Su lado de la cama estaría vacío para siempre. Ya no se sentaba en su sillón favorito de la sala. Nuestros sueños de envejecer juntos nunca se harían realidad.

Victorio y yo habíamos planeado hacer un viaje ministerial de tres meses; sin embargo, falleció. Me quedé con tantas preguntas. "¿Por qué yo? ¿Por qué ahora? ¿Qué será de mí? ¿Cuándo se irá este dolor agudo e intenso?".

Mi mente retrocedió treinta y cuatro y treinta y seis años, cuando viví la pérdida de mi padre y mi madre en un periodo de dos años. El dolor era profundo, pero mi marido me consoló. Mis cinco hijos y el ministerio exigían mi atención. En aquella época, llorar estaba mal visto. Nos dijeron que debíamos ser fuertes.

Ahora, estaba inmersa en el dolor más profundo de mi vida. Mi amado esposo, mi protector, mi proveedor, el hombre que me hacía reír todos los días, que me abrazaba y alentaba, mi mejor amigo, se había ido. Él me conocía muy bien. Siempre tuve la libertad de llorar con él. Me sentí abrumada por el torrente de lágrimas que me invadió. Sentí el intenso dolor que me provoca la partida de la persona con la que había estado durante tantos años.

Me pregunté: "¿Quién soy ahora? ¿Qué sigue?".

A medida que pasaban las semanas, la realidad de mi nueva vida como viuda me golpeó con creciente intensidad. Nadie me entendió excepto mi hermana Joy, que había perdido a su marido muchos años atrás. Joy me llamó todos los días. Nadie más me dio la bienvenida al Club de las viudas. ¡Qué dolor tan desgarrador e inexplicable! ¿Cómo podría atravesar este valle de lágrimas? ¿Cuánto duraría esta agonía?

Era una mujer vulnerable; me encontraba por mi cuenta,

desprotegida. Me sentí sola. Me sentí insegura. Ya no éramos pareja. Nuestros amigos casados se mantuvieron alejados en silencio. El futuro ahora parecía tan sombrío. ¿Qué iba a hacer? Me pregunté: "¿Quién soy? ¿Por qué estoy aquí? ¿Qué puedo hacer? ¿Existe todavía un propósito en mi vida? Sentí como si mi corazón se rompiera en miles de pedazos. ¡Lágrimas de remordimiento inundaron mi alma! Me invadieron pensamientos de culpa y resentimiento: "Si tan sólo no hubiera dicho… Si tan sólo hubiera hecho…".

En medio de mi sufrimiento, me preguntaba: "¿Cuánto tiempo más podré soportar este dolor y estas lágrimas? Si tengo a Dios Padre, Dios Hijo y Dios Espíritu Santo viviendo en mí, ¿está bien llorar?".

Como Hijo de Dios e Hijo del Hombre, Jesús es el único que puede comprendernos en cada momento difícil de nuestra vida. En Juan 11, podemos ver que incluso Jesús lloró cuando murió su amigo Lázaro. Estaba profundamente consternado. Aunque Jesús sabía que resucitaría a Lázaro de entre los muertos, primero se tomó el tiempo para llorar con los amigos y familiares de Lázaro, María y Marta.

Lloraremos mientras estemos aquí en la tierra. Caminaremos por el valle de las lágrimas. Sólo en la eternidad experimentaremos el momento glorioso en el que Dios mismo enjugará cada lágrima de nuestros ojos.

¡Hay un momento para llorar! Es de gran consuelo y fortaleza en tiempos de dolor leer la Palabra de Dios que dice: "Toma en cuenta mis lamentos; registra mi llanto en tu libro. ¿Acaso no lo tienes anotado?" (Salmos 56:8).

Salmos 139 habla de un Dios tan personal que mi mente no lo puede concebir. Ha contado los cabellos en mi cabeza. Escucha mis suspiros más profundos. Dios ha estado muy consciente de cada detalle de mi vida desde que fui concebida en el vientre de mi madre.

El libro de Salmos contiene más de cincuenta referencias a llorar, lamentarse, sollozar y clamar a Dios. En el Antiguo Testamento, la gente lloraba y se tomaba el tiempo para afligirse y lamentarse.

La Biblia dice que Jesús mismo, que comprende todas nuestras debilidades, fue tentado en todo, pero sin pecado. La sociedad nos dice que llorar es una señal de debilidad, especialmente entre los hombres: "Los niños grandes no lloran". Pero, como dice Hebreos 5:7, cuando Jesús caminó sobre la tierra, "ofreció oraciones y súplicas con fuerte clamor y lágrimas al que podía salvarlo de la muerte".

Quizás te preguntes cómo he manejado mi dolor desde que murió Victorio. ¡He llorado profunda e intensamente! He llorado delante de mis hijos y nietos. Lo único que pudieron hacer fue abrazarme y llorar conmigo. Mi alma encontró descanso cuando lloré en voz alta de manera intencional. Descubrí que Dios es "el Dios de toda consolación, quien nos consuela en todas nuestras tribulaciones" (2 Corintios 1:4 NVI).

> Mi alma encontró descanso cuando intencionalmente lloré en voz alta.

El día que cumplí seis meses de viuda, entre lágrimas y sollozos, pude levantar los brazos a Dios y decirle: "Gracias por llevarte a mi esposo. Gracias por dejarme aquí como viuda". Esta expresión liberó mi alma de su angustia y dolor. Pude decir: "Tus planes y propósitos son perfectos, aunque no los entenderé en este lado de la eternidad".

En las Bienaventuranzas, Jesús enseñó: "Dichosos los que sufren, porque serán consolados" (Mateo 5:4). Aunque no sepamos qué hacer o decir, el apóstol Pablo nos manda a llorar con los que lloran (Romanos 12:15).

Para mi sorpresa, descubrí que cuando parecía que tenía gripe o dolor de cabeza, o cuando sentía que me había atropellado un tren, sólo necesitaba un buen llanto. En momentos como este, escuchaba canciones tristes como "¿Me abrazarás mientras lloro?". Esto me hacía llorar, y sollozaba desde lo más profundo de mi alma. Los sollozos brotaron de lo más recóndito de mi ser, y lloré hasta que no quedó una sola lágrima.

En este mundo que pasa, probablemente nunca sabremos el "porqué" detrás de las tragedias, muertes, enfermedades, traiciones, desastres y cosas que causan un profundo dolor y aflicción. Pero hay un "para qué". 2 Corintios 1:3-5 dice:

> Bendito sea el Dios y Padre de nuestro Señor Jesucristo, Padre misericordioso y Dios de toda consolación, quien nos consuela en todas nuestras tribulaciones para que, con el mismo consuelo que de Dios hemos recibido, también nosotros podamos consolar a todos los que sufren. Pues, así como participamos abundantemente en los sufrimientos de Cristo, así también por medio de él tenemos abundante consuelo.

Salmos 30:5 dice que "Si por la noche hay llanto, por la mañana habrá gritos de alegría".

La Nueva Versión Internacional dice que Dios:

> "nos consuela en todas nuestras tribulaciones para que, con el mismo consuelo que de Dios hemos recibido, también nosotros podamos consolar a todos los que sufren." (2 Corintios 1:4).

A través de mis lágrimas, ahora puedo repetir: "Sabemos que Dios dispone todas las cosas para el bien de quienes lo aman, los que han sido llamados de acuerdo con su propósito" (Romanos 8:28).

Mirando en retrospectiva, cuando mis padres fallecieron, llegué a conocer a Dios en otra dimensión como un Padre tierno, amoroso, rico y perfecto, quien me ama profundamente como a Su hija. Ahora que mi esposo se ha ido, he llegado a conocer a Dios como mi Esposo. Él está a mi lado como mi Consejero, mi Guía, mi Intercesor, mi Ayudador y mi Recurso, ¡en caso de que llegara a necesitar algo más!

Sólo Dios sabía a cuántas personas encontraría yo en el futuro cercano que habían perdido a sus cónyuges después de que enfrentara mi propia pérdida. También necesitarían consuelo durante su dolor. He decidido acoger con los brazos abiertos mi nuevo propósito como viuda y consolar a otros con el consuelo que Dios me ha dado.

Tenía un propósito cuando estaba soltera. Tuve un propósito, como esposa, durante cuarenta y ocho años. Tengo un propósito como madre, abuela y bisabuela. Ahora, también tengo un propósito como viuda. Las palabras de Isaías 61:1 arden en mi alma: "El Espíritu del Señor y Dios está sobre mí, por cuanto me ha enviado a sanar los corazones heridos". Mi oración es que mi experiencia te ayude a saber que tú también puedes encontrar el consuelo que proviene de Dios y Su propósito para ti en esta etapa de tu vida.

Ejercicios de reflexión:

1. ¿Qué haces cuando te enfrentas a pensamientos de culpa por llorar? ¿Por qué te sientes culpable por llorar?

   _____
   _____
   _____
   _____
   _____
   _____
   _____
   _____
   _____

2. ¿Te has dado tiempo para llorar? Considera Salmos 56:8 (NVI), "Toma en cuenta mis lamentos; registra mi llanto en tu libro. ¿Acaso no lo tienes anotado?".

   _____
   _____
   _____
   _____
   _____

3. ¿Has permitido que otras personas en las que confías lloren contigo? ¿Les has permitido abrazarte?

4. ¿Cómo te sientes al darle gracias a Dios por permitirte enviudar?

5. Mi nuevo propósito, como viuda, es transmitir el consuelo que Dios me ha dado y vendar a los de corazón quebrantado (2 Corintios 1:4, Isaías 61:1). ¿Ves un nuevo propósito surgir de tu dolor?

6. Vuelve a escribir Salmos 139 en primera persona, sustituyendo tu propio nombre en los versículos, para recordar el cuidado personal de Dios por ti.

Quiero alentarte a llorar hasta encontrar descanso en tu alma. Llora larga, fuerte y profundamente. La Biblia nos anima a decir que "si por la noche hay llanto, por la mañana habrá gritos de alegría" (Salmos 30:5).

Capítulo 2
Yo Perdono
por Joy Ost

Mi esposo Isaí y yo llevábamos apenas veintiún meses de casados cuando recibí la trágica noticia de que había muerto en un accidente automovilístico. Isaí fue miembro fundador de una banda de rock cristiano contemporáneo creada a mediados de los años setenta. La banda viajaba desde Monterrey, México, para tocar en la boda de un amigo en Brownsville, Texas. Un conductor se pasó dos señales de alto y chocó contra la parte trasera de su camioneta. Isaí murió instantáneamente, y su cuñado murió dos días después. Un miembro del grupo salió con apenas un rasguño, y otro estuvo varios días en el hospital.

Tuve que criar sola a nuestra hija de once meses, Dámaris. Nuestro hermosa niña, la alegría y el orgullo de la vida de Isaí, ahora se encontraba sin padre. Mi cuñada se quedó tuvo que criar a su hijo de seis meses.

Como la banda de Isaí era muy conocida en todo México y otras regiones, hubo un gran funeral. Lloré tanto que pensé que sería imposible llorar más, pero las lágrimas seguían saliendo.

Cinco meses después de esta experiencia, recibí una llamada telefónica de mi padre. Dijo que mi madre estaba a punto de someterse a una cirugía cerebral de once horas. Los médicos habían advertido a mis padres que la cirugía de mi mamá podría no salir bien; existía la posibilidad de que quedara sorda o muda como consecuencia. En el peor de los casos, era posible que no sobreviviera. Volé inmediatamente a Minneapolis para estar con ellos. Por la gracia de Dios, mi madre salió de la cirugía con excelentes resultados.

Unos años más tarde, mi padre fue llamado al cielo. Mi madre lo siguió en menos de dos años. En un periodo de ocho años, mi marido, mi padre y mi madre habían partido. Nunca me había sentido tan sola en toda mi vida.

Inconscientemente, estaba enojada con Dios, y pensé que Él estaba enojado conmigo. Me preguntaba si Dios me estaba castigando; tal vez no merecía estar felizmente casada y disfrutar de la vida con nuestra pequeña hija. ¿Acaso Dios me había elegido para sufrir más que nadie en mi familia?

Antes de que ocurriera esta tragedia, había repetido con cierta ligereza Romanos 8:28: "Y sabemos que Dios dispone todas las cosas para el bien de los que lo aman, los que han sido llamados de acuerdo con su propósito". Pensé que Dios se vería obligado a recompensarme y bendecirme, pero en medio de estos tiempos difíciles, no vi la bondad de Dios.

Un día, un amigo sabiamente me hizo saber que estaba enojada con Dios. ¡Sentí esta revelación como un balde de agua fría! También me enfrenté a mi necesidad de perdonar a Dios, a otras personas e incluso a mí misma. Abrí los ojos ante el hecho de que Dios no estaba enojado conmigo. En realidad, Dios me amaba.

La muerte de Isaí no fue un castigo de Dios. Aunque todos sufrimos penas y dificultades, como yo le pertenecía a Dios, sabía que Él convertiría incluso esta tragedia en un beneficio para mí.

Empecé a comprender que, aunque el perdón es un tema importante en la Biblia, yo no había aprendido a perdonar. Entonces, decidí enfocarme en eso. Llegué a comprender que el perdón es una elección. No es una pastilla mágica que me puedo tomar para luego despertar y descubrir que mi ira ha desaparecido. El perdón es un acto de mi voluntad. Al perdonar, asumo la responsabilidad de mis propias reacciones.

Después de soportar las pérdidas de mi esposo y mis padres, pensé que tenía derecho a una vida sin más sufrimiento. Sin embargo, pasé por otra prueba cuando, a los veintiún años, a mi hija le diagnosticaron cáncer. Dámaris casi pierde la pierna derecha y tuvo doce cirugías mayores en diez años. ¿Culparía a Dios por este cáncer o elegiría confiar en Él? Cuando decidí confiar en Dios y aceptar el versículo 29 con el corazón abierto, entendí que el bien consistía en conformarme a la imagen de Su Hijo. Dámaris lleva más de veintiún años libre de cáncer.

Cuando sufría, pensaba que Dios me estaba tratando injustamente y traía tragedias a mi vida. Sin embargo, Jesús dijo a sus discípulos: "En este mundo afrontarán aflicciones" (Juan 16:33). Esa es sencillamente la naturaleza de la vida en el planeta Tierra. He aprendido que la vida no es justa, pero Dios siempre caminará conmigo en las adversidades. Jesús continúa diciendo: "pero ¡anímense! Yo he vencido al mundo". Él siempre está a mi lado, incluso en momentos de dificultad. Puede que yo no lo vea, pero Él está allí.

Con el tiempo he aprendido el poder de declarar mi fe en Dios mediante declaraciones como las siguientes:

- Nada puede separarme del amor de Dios.
- Elijo renunciar al arrepentimiento y la desesperanza.
- Elijo perdonar porque Dios me lo ordena.

He aprendido a hacer una lista de agravios, incluyendo los nombres de las personas que me han lastimado. Pienso en las ofensas y las dejo ir, una por una, diciendo: "Yo Perdono". Nadie más puede perdonarme, así que elijo perdonar.

Perdonar no es fácil. He aprendido que ser seguidora de Cristo requiere que actúe. Hubo un momento en el que tenía tanta ira en mi corazón hacia alguien que la única manera de dejarla ir era ser humilde. Me arrodillé y le lavé los pies.

> *Llegué a comprender que el perdón es una elección. No es una pastilla mágica que me puedo tragar para luego despertar y descubrir que mi ira ha desaparecido. El perdón es un acto de mi voluntad. Al perdonar, asumo la responsabilidad de mis propias reacciones.*

Otra acción es desarrollar un estilo de vida de lectura de la Biblia y oración diaria. Estas disciplinas espirituales requieren un fuerte compromiso. Al desarrollarlos, me preparo espiritualmente para cualquier adversidad que se me presente.

El perdón también es bueno para mí. Aferrarme a la ira, alimentar rencores y justificar mis reacciones no hace más que dañar mi alma. Entonces, decidí perdonar a todos por todo. Repetí las palabras "Yo Perdono" con tanta frecuencia que cuando escarbé en mi corazón para sacar a relucir viejas heridas y rencores, no los encontré.

La experiencia me ha enseñado que si elijo dar cabida al enojo en mi corazón, la más afectada soy yo. Las personas que me han hecho daño normalmente siguen con su vida, mientras que yo me quedo furiosa. Depende de mí decidir:

1. enfrentar la ira,
2. reconocer el dolor,
3. perdona al ofensor, y luego,
4. dejarlo ir.

Soy la persona que más se beneficia de este proceso de perdonar.

¿Cómo podría no perdonar a todos, cuando todo mi sufrimiento nunca podría compararse con la agonía y el dolor que Jesús soportó por mí? Fue difamado, incomprendido, traicionado por sus mejores amigos, humillado, deshumanizado, degradado y golpeado. Fue despojado de Su dignidad de la manera más cruel imaginable con el aval de los líderes religiosos. Al final, Jesús colgó de la cruz y murió para pagar el perdón de mis pecados.

El perdón también es bueno para mi salud. Los estudios realizados en el Hospital Johns Hopkins han encontrado lo siguiente:

> ...el acto de perdonar puede generar enormes beneficios para tu salud, reduciendo el riesgo de sufrir un ataque cardíaco; mejorar los niveles de colesterol y el sueño; y reducir el dolor, la presión arterial y los niveles de ansiedad, depresión y estrés... los conflictos no resueltos pueden ser más profundos de lo que imaginas: pueden estar afectando tu salud física. El perdón, sin embargo, calma los niveles de estrés y mejora la salud.[1]

También aprendí que debo perdonarme a mí misma. Es más fácil para mí perdonar a los demás mientras me guardo rencor por mis fracasos. A veces, hago una lista de mis fracasos y de las cosas que me resultan tan difíciles de perdonar. La única manera de remediar mi pasado y seguir adelante con compasión por mí misma es la siguiente:

1. aceptar la responsabilidad por lo que hice,
2. disculparme con la persona que ofendí (si es posible),
3. enfocarme en lo que aprendí de la experiencia, y
4. continuamente elegir perdonarme a mí misma.

---

[1] "Perdonar: tu salud depende de ello". *Medicina Johns Hopkins*, www.hopkinsmedicine.org/health/wellness-and-prevention/forgive-ness-your-health-depends-on-it.

Debido a que perdonar a menudo es difícil, me encuentro repitiendo: "Yo Perdono, Yo Perdono, Yo Perdono". Parece drenar la ira y el resentimiento de mi alma. Me recuerdo una y otra vez que la decisión es mía. Soy la persona que más se beneficia de mi decisión de perdonar, sabiendo que mi perdón es un acto de mi voluntad. Entonces, decido perdonar porque Jesús me lo ordenó, y también me beneficia.

Ejercicios de reflexión:

1. ¿Quién es la primera persona a la que perdonaste tras la muerte de tu cónyuge?

   _____
   _____
   _____
   _____
   _____
   _____
   _____
   _____
   _____

2. ¿Puedes pensar en alguien a quien necesites perdonar?

   _____
   _____
   _____
   _____
   _____
   _____

3. ¿Puedes pensar en algo por lo que necesites perdonarte a ti mismo?

Capítulo 3
¡No tengas miedo!
por Mary Beth Woll, MA, LMHC

La Biblia contiene muchos fragmentos que te alientan a que "¡No tengas miedo!". Al anunciar el nacimiento de Jesús, el ángel le dijo a María: "No tengan miedo. Miren que traigo buenas noticias que serán motivo de mucha alegría para todo el pueblo" (Lucas 2:10). Jesús dijo a sus discípulos: "No se angustien. Confíen en Dios y confíen también en mí" (Juan 14:1). Jesús también nos consuela en Juan 14:27: "La paz les dejo; mi paz les doy. Yo no se la doy a ustedes como la da el mundo. No se angustien ni se acobarden". Continúa en Juan 16:33: "En este mundo afrontarán aflicciones, pero ¡anímense! Yo he vencido al mundo".

En Salmos 23, el rey David nos recuerda que el Buen Pastor está con nosotros mientras caminamos por el valle de sombra de muerte. ¡No debemos temer al mal porque Él está con nosotros! 1 Pedro 5:7 dice: "Depositen en él toda ansiedad, porque él cuida de ustedes". Isaías 41:10 dice: "Así que no temas, porque yo estoy contigo; no te angusties, porque yo soy tu Dios. Te fortaleceré y te ayudaré; te sostendré con la diestra de mi justicia". Josué 1:9 dice: "¡Sé fuerte y valiente! ¡No tengas miedo ni te desanimes! Porque el Señor tu Dios te acompañará dondequiera que vayas".

Entonces, si Dios está con nosotros y el Espíritu Santo está en nosotros, ¿por qué sufriríamos ansiedad y temor ante la muerte de un cónyuge?

> *Isaías 41:10 dice: "Así que no temas, porque yo estoy contigo; no te angusties, porque yo soy tu Dios. Te fortaleceré y te ayudaré; te sostendré con la diestra de mi justicia".*

He tenido experiencias directas con esa ansiedad. Cuando perdí a mi esposo Bob, me encontré tan abrumada que todo lo que podía sentir era devastación, shock y adormecimiento emocional. Mi condición era como la de una persona sentada al costado de una carretera después de un accidente automovilístico. Llegan los paramédicos, envuelven con una manta a la víctima aturdida y la retiran del lugar para que pueda comenzar a recuperarse. Es posible que esa persona recuerde nada de lo que sucedió durante el accidente. Este shock es el anestésico de Dios para el aplastante dolor inicial. Sin embargo, en algún momento, el adormecimiento se desvanece, y los sentimientos emergen.

Inmediatamente después de la muerte de Bob, me sentí muy agradecida de que él estuviera con Jesús. Dios nos ayudó a navegar la crisis de la enfermedad crítica y el fallecimiento de Bob. Bob y yo habíamos cruzado la línea de meta de "hasta que la muerte nos separe" con amor y fidelidad intensos. Aunque se había ido, estaba segura de que Bob no quería dejarme. Luchó con cada gramo de su fuerza y fe para quedarse. Y toda nuestra familia y amigos lucharon con él. Al final, Dios determinó que Bob debía estar con Jesús. Aunque estábamos conmocionados y confundidos, aceptamos que nuestro todopoderoso e infinitamente buen Padre Celestial tenía un propósito al llevarse a Bob al Cielo. El sufrimiento físico y emocional de Bob había terminado. Instantáneamente estaba experimentando más paz y felicidad en el cielo con Jesús de la que jamás podría haber compartido conmigo en esta tierra. Aunque estaba devastada por la pérdida del amor de mi vida, estaba muy agradecida por la presencia milagrosa de Dios durante su travesía por el "valle de sombra de muerte" de Bob (Salmos 23:4).

Y, luego, nos fuimos todos a casa.

Mi familia vino conmigo, pero Bob no estaba allí. Aunque todos podíamos imaginarlo entrando por la puerta principal, comenzamos a asimilar la realidad. Bob nunca volvería a casa.

Algunos familiares y amigos se quedaron conmigo, pero después de un tiempo, regresaron a seguir sus propias vidas. Pronto descubrí que no podía tolerar estar sola en la casa. Como había pasado directamente de la casa de mis padres a la universidad y luego al matrimonio, de repente me di cuenta de que nunca había vivido sola. Estaba inexplicablemente aterrorizada en la casa donde Bob y yo habíamos vivido y nos habíamos amado durante veintiséis años y medio. Allí criamos a nuestros cuatro hijos y dimos la bienvenida a ocho nietos. Estaba seguro de que si me permitía experimentar estas emociones agonizantes y sin precedentes, ¡seguramente moriría! Me enfrentaba al dolor más profundo de mi vida sin mi mayor consuelo, Bob, para que me abrazara mientras sollozaba con lágrimas desgarradoras. Esperaba sentirme indescriptiblemente triste. ¡Me sorprendió completamente la ansiedad! Durante seis meses, estuve viajando entre las casas de mis hijos, mi hermana y amigos cercanos.

Además, no sabía que estaba gravemente enferma de anemia severa cuando Bob murió. Me había concentrado tanto en cuidar a alguien más que me había olvidado de cuidarme a mí misma. Estaba tan extremadamente débil que no podía subir un tramo corto de escaleras ni cocinar. Pensé que esta fatiga abrumadora era "sólo la aflicción". Después de un par de semanas, mi hijo finalmente me llevó a un médico quien, tras las pruebas, me envió inmediatamente al hospital para recibir transfusiones de sangre. Toda nuestra familia había experimentado tal trauma durante la hospitalización de Bob que le rogué al médico que no me ingresara. ¿Cómo podrían mis hijos soportar ver en el hospital al único padre que les quedaba? Después de una transfusión, el médico me dio el alta de mala gana. Sin embargo, me ingresaron a los pocos días para realizar más transfusiones y pruebas.

Después de recibir el alta del hospital y de varios viajes a la sala de emergencias, mi amiga y compañera viuda, Linda Smith, me invitó a quedarme con ella durante una semana. Después de una semana, entendimos que yo todavía no tenía fuerzas suficientes para vivir sola. Aunque poco a poco estaba recobrando fuerzas, reconocí que la depresión y la ansiedad habían agravado mi dolor. Linda me alentó a quedarme con ella hasta que me recuperara. También me alimentó con una dieta bien equilibrada.

Hice una cita con un psiquiatra y comencé un tratamiento con medicamentos para la ansiedad y la depresión. Proseguí mi sanación reuniéndome con un terapeuta, un consejero de duelo, un planificador financiero y un masajista. También comencé a hacer ejercicio con regularidad según lo permitían mis fuerzas.

Sin embargo, no era consciente de que había una fuerza espiritual involucrada. Ahora sé que el enemigo de nuestras almas también estaba obrando. Fiel a su misión de robar, matar y destruir, el diablo no cedió en sus esfuerzos sólo porque yo era una viuda afligida. Fue entonces cuando me di cuenta de que es un criminal tan oportunista que pateará a CUALQUIER persona cuando esté en el suelo; ¡cuanto más vulnerable, mejor!

Sin éxito, intenté volver a casa. ¡Temblé cuando estaba parada en la entrada de mi propia casa! Llamé a mi hermana Joanna para que orara conmigo antes de que cruzara el umbral. Abrumada por el dolor y el miedo, sólo podía tolerar estar en casa una o dos horas antes de tener que irme. Poco a poco fui aumentando el tiempo de permanencia allí hasta poder pasar la noche. Sin embargo, como estaba completamente exhausta después de cada intento, seguí quedándome con Linda durante tres meses y medio mientras recobraba fuerzas.

Finalmente, unos seis meses después del fallecimiento de Bob, visité a mi hermana Joanna y a su esposo James, quienes eran pastores en una iglesia ubicada a unas dos horas de mi casa. Clamé a Dios mientras conducía: "¡Dios mío, necesito un milagro! ¡Necesito una palabra tuya!". Tenía tantas ganas de volver a casa, pero me sentí paralizada por el miedo y el cansancio.

Como era principios de diciembre, James estaba predicando un sermón de Navidad. El título de su sermón era "¡No tengan miedo!". James contó la historia de Lucas 1:30 sobre el ángel Gabriel visitando a María para anunciar el nacimiento de Jesús.

James preguntó a la congregación: "¿Qué le dijo Gabriel a María?". Luego, respondió a su propia pregunta; me señaló directamente y declaró en voz alta: "¡No tengas miedo, María!".

Por segunda vez, James me señaló directamente y dijo: "¡No tengas miedo, María!".

¡Supe que había recibido la palabra de Dios! ¡Tenía tantas esperanzas de que James abriera el altar después del servicio porque no podía esperar para subir a orar! ¡James abrió el altar! ¡Él abrió el camino, seguido de cerca por Joanna y luego por mí! James me aconsejó tan dulce y gentilmente. Luego, mientras oraba, ¡el espíritu del miedo que tanto me había atado desapareció instantáneamente! ¡Jesús me liberó!

Más tarde, James me dijo que no se dio cuenta de que me había señalado directamente, pero ¡Dios estaba orquestando los acontecimientos de la noche en respuesta a mi grito de ayuda!

Cuando regresé a la casa de Linda, quedó sorprendida por la diferencia que vio en mí. "Antes de irte, sólo decías: 'Bob no está aquí. Bob no está aquí'. Ahora, dices '¡Dios está conmigo!'".

Me quedé una semana más con Linda; luego, el 13 de diciembre, exactamente seis meses después de la muerte de Bob, ¡regresé a casa SIN MIEDO! ¡Y ese espíritu del miedo no ha regresado!

El viaje de duelo de cada persona es único. Sé que muchas viudas han sufrido muchísimo más que yo. Sin embargo, me superaron desafíos físicos, psicológicos, emocionales, sociales y espirituales que requirieron la ayuda de mi familia, mis amigos y la iglesia. También requirió intervención médica y divina. ¿Es de extrañar que Santiago 1:27 diga que "La religión pura y sin mancha delante de Dios nuestro Padre es esta: atender a los huérfanos y a las viudas en sus aflicciones y conservarse limpio de la corrupción del mundo"? Estaba tan indefensa que no habría sobrevivido sola, pero ¡Dios me dio la ayuda que necesitaba! Ahora, mi experiencia de devastación total me ha brindado una gran empatía por otras personas viudas que también están sufriendo. Realmente las entiendo. Como dice 2 Corintios 1:4, con el mismo consuelo que de Dios hemos recibido, también nosotros podamos consolar a todos los que sufren. Puedo identificarme con las viudas que están experimentando una ansiedad y un miedo abrumadores. Puedo sentir empatía y alentarlos para que "¡No tengan miedo!" mientras se recuperan de sus pérdidas.

Ejercicios de reflexión:

Recuerda que la ansiedad es normal después de la devastación que puede acompañar a la pérdida de un cónyuge. Con eso en mente:

1. ¿Experimentaste ansiedad tras la muerte de tu cónyuge? Si es así, ¿cómo te afectó la ansiedad?

   _____
   _____
   _____
   _____
   _____
   _____
   _____
   _____
   _____
   _____

2. ¿Qué recursos has utilizado para abordar la ansiedad y/o depresión? ¿Qué recursos han sido más útiles?

   _____
   _____
   _____
   _____
   _____

_____
_____
_____
_____
_____
_____

3. ¿Cómo es tu autocuidado? ¿Hay recursos o acciones adicionales que te gustaría tomar?

_____
_____
_____
_____
_____
_____
_____
_____
_____
_____

Capítulo 4
Canta cuando no puedas entender
por Nancy Honeytree Miller

Como cantante y compositora cristiana, he aprendido que cantarle a Dios, incluso cuando no entiendo lo que está sucediendo en mi vida, me permite recuperar la perspectiva. Puedo ver mejor quién es Dios y poner mis preocupaciones y preocupaciones en Sus manos.

Un día, hace años, mientras lavaba platos, oré: "Señor, dame un poco de ánimo para ayudarme en esta tarea". Me vino una canción que comencé a cantar:

Yo voy a creer que algo bueno vas a hacer.
Yo voy a creer que algo bueno vas a hacer.
Al no entender lo que tú haces en mi ser,
yo voy a creer que algo bueno vas a hacer.

"Yo nunca te desampararé ni te dejaré".
"Por el fuego yo te llevaré", eso es lo que dices.
Por eso cuando no contestes como yo quisiera,
yo voy a creer que algo bueno vas a hacer.[2]

Ese fue un día especial. Mi esposo J.R. Miller y yo tuvimos el gusto de hospedar a los misioneros invitados, Ruth y Victorio Martínez en nuestro hogar. Tradujeron la canción al español y la llevaron a los Centros de Fe, Esperanza y Amor en México. Allí, ¡se convirtió en una parte favorita de su adoración!

Cuando escribí la canción, me sentí alegre. Era mi manera de expresar Romanos 8:28: "Ahora bien, sabemos que Dios dispone todas las cosas para el bien de quienes lo aman, los que han sido llamados de acuerdo con su propósito". Sin embargo, se quedó grabada en mi mente y permaneció en lo más profundo de mi memoria. Años más tarde, cuando viví una crisis tremenda, esta pequeña canción adquirió un significado profundo y me ayudó a proclamar mi fe en la Palabra de Dios. Cantarla fue especialmente alentador cuando no podía imaginar cómo Dios podría convertir

---

2   https://www.youtube.com/watch?v=Dq5ptVojRKU

mi tragedia en algo bueno.

Un año después de escribir "Yo Voy A Creer", J.R. y yo esperábamos un bebé. Habíamos estado casados por cuatro años. Mi embarazo parecía marchar bien; sin embargo, en el quinto mes, los resultados de las pruebas nos sorprendieron de una manera terrible. No se esperaba que nuestro bebé sobreviviera. Tenía un triple cromosoma[18], una condición que causa graves defectos de nacimiento.

J.R. y yo ya adorábamos a nuestro hijo. La noticia de su condición nos rompió el corazón y nos provocó shock y lágrimas. Uno o dos días después de recibir este diagnóstico tan devastador, Ruth me llamó de México. "¡Nancy! ¿Qué pasa? ¡Tuve una sensación muy fuerte de que necesitaba llamarte!". Cuando le conté lo que habían dicho los médicos, ella no dijo una palabra. Ella comenzó a cantar lentamente y cada palabra caló profundamente en mi corazón.

Yo voy a creer que algo bueno vas a hacer.
Yo voy a creer que algo bueno vas a hacer.
Al no entender lo que tú haces en mi ser,
Yo voy a creer que algo bueno vas a hacer.

Las lágrimas corrieron por mi rostro. Había escrito esta pequeña canción el año anterior, pero ¡ahora necesitaba desesperadamente escuchar a Ruth cantármela!

No había manera de que J.R. y yo pudiéramos entender lo que estaba pasando, pero nos aferramos a la verdad de la canción: Dios, de alguna manera, estaba planeando algo bueno.

El pequeño J.R. nació, y dos horas después, partió para estar con el Señor. Estábamos devastados, pero la intensa presencia de Jesús hizo que el breve tiempo con nuestro bebé fuera dulce y precioso.

Sin embargo, ese no fue el final de la historia.

Dos semanas antes de que muriera el pequeño J.R., mi médico me llamó para decirme que en unos tres meses tendría un bebé disponible para adoptar. ¡Acordamos adoptarlo! Como preparación, me extraje leche materna hasta que nació el pequeño William. Así, ¡pude amamantar a nuestro bebé adoptado! Efectivamente, ¡Dios estaba haciendo algo bueno!

J.R. y yo disfrutamos criar a nuestro hijo Will. Era amigable, fuerte, atlético y divertido. Nuestras vidas estaban llenas de las ricas experiencias de la paternidad. También fue un desafío criar a Will, ya que era de carácter fuerte y temperamental.

Cuando Will tenía veintidós años, J.R. padecía insuficiencia cardíaca congestiva. Aun así, mi esposo estaba prosperando; trabajaba a tiempo completo, ayudaba a muchos ministerios con sus necesidades tecnológicas y planeaba jubilarse y predicar el Evangelio. Aunque su cuerpo estaba luchando, su mente estaba concentrada en vivir. Sin embargo, un martes de mayo, J.R. sufrió un infarto y partió para estar con el Señor.

Experimenté dolor cuando murió el pequeño J.R., pero la agonía de perder a mi esposo no se parecía a nada que hubiera experimentado. Me sentí sola y desconectada del mundo que me rodeaba. Sentí como si una fiebre irradiara por mis huesos. Era como si J.R. y yo hubiéramos ido en un avión que se desplomaba. Él había muerto y yo me había marchado traumatizada.

Cuando J.R. murió, yo tenía sesenta y seis años. Había sido cristiana durante casi cincuenta años. Mi relación madura con el Señor me ayudó a manejar las muchas emociones y efectos de mi dolor. Me uní a un grupo de apoyo GriefShare en mi iglesia y aprendí muchas cosas útiles sobre el proceso de duelo.

> *¡Me di cuenta de que el Señor estaba conmigo en mis altibajos emocionales y en todos los demás momentos!*

Deseé que mi Pastor Jesús y yo pudiéramos atravesar con tranquilidad el valle de sombra de muerte. Sin embargo, también me vi obligada a lidiar con la inesperada y turbulenta experiencia de dolor de Will. Will aún no era un adulto maduro cuando murió su padre. No había desarrollado un caminar fuerte con el Señor. Reaccionó con ira y participó en comportamientos riesgosos para adormecer sus sentimientos. Beber alcohol y fumar marihuana le provocó problemas relacionales con su esposa, sus amigos, sus empleadores y conmigo.

Un día, mientras leía mi Biblia, reconocí que me había dejado arrastrar a la montaña rusa de emociones de Will. Salmos 139:7-8 dice: "¿A dónde podría alejarme de tu Espíritu?

¿A dónde podría huir de tu presencia? Si subiera al cielo, allí estás tú; si tendiera mi lecho en el fondo de los dominios de la muerte, también estás allí". ¡Me di cuenta de que el Señor estaba conmigo en mis altibajos emocionales y en todos los demás momentos! Fue durante este tiempo tormentoso que Dios me enseñó a cantar cuando no podía entender lo que estaba pasando.

El Señor me mostró que mis puntos emocionales bajos a menudo estaban relacionados con malas noticias sobre el comportamiento de Will. De hecho, vivía en un estado nervioso, temiendo su próximo drama. "¿Otra vez, hijo? ¿Ahora que?".

También sentí un profundo resentimiento hacia el Señor, y me preguntaba: "¿Por qué me pides que enfrente una pesadilla así cuando me siento tan débil?".

No pude controlar el caótico viaje de duelo de mi hijo. Sin embargo, el Espíritu Santo me enseñó a hacer lo siguiente:

- hacer una pausa y reconocer cuando estaba angustiada,
- admitir honestamente mis sentimientos y angustia emocional ante Él, y
- cantarle a Él, que siempre es digno de ser alabado.

Cantaba:

Señor, te adoro.
Tu eres digno.
Canto tus alabanzas.
Estás en el trono de mi vida.

Como recién viuda, debilitada por el dolor, ¡los problemas de Will sumaron drama al trauma! Después de un tiempo de adoración y oración, adquirí una perspectiva celestial y pude poner a mi hijo en las manos del Señor. Mi confianza en el amor del Señor por Will se profundizó, y comencé a verlo progresar en su sanación. Will pasó momentos difíciles, pero aprendió a tomar mejores decisiones. ¡Y cantarle a Dios me ayudó a sobrevivir!

¡Descubrí que hay poder espiritual en el canto! Salmos, el cancionero de la Biblia, dice: "Cántenle una canción nueva" (Salmos 33:3). En la historia de Josafat en el Antiguo Testamento, los cantores fueron enviados al frente del ejército. Cuando cantaron: "Den gracias al Señor, pues su gran amor perdura para siempre", los enemigos estaban tan confundidos que se destruyeron unos a otros (2 Crónicas 20: 21-23). En el Nuevo Testamento, se nos dice que Pablo y Silas cantaron alabanzas a Dios mientras estaban en prisión. Un gran terremoto sacudió tanto todo el lugar que las puertas de la prisión se abrieron de golpe y las cadenas de todos se soltaron. El carcelero entregó su corazón al Señor (Hechos 16:25-33). ¡Cantar alabanzas a Dios desató Su poder!

La Biblia está llena de referencias al canto. Un pasaje favorito que ha inspirado a muchos compositores es Isaías 6. El rey Uzías había muerto y el profeta Isaías estaba afligido. Durante este momento doloroso, vio al Señor alto y elevado con su gloria llenando el templo. ¡Los ángeles estaban haciendo adoraciones alrededor del trono! Él dijo: "¡Ay de mí!". En otras palabras, reconoció y verbalizó honestamente su desesperado estado de indignidad y necesidad ante el Señor. En esa atmósfera celestial, Isaías fue perdonado y limpiado. De repente pudo escuchar al Señor preguntar: "¿A quién enviaré? ¿Quién irá por nosotros?". Isaías respondió: "Aquí estoy. ¡Envíame a mí!". La adoración fortaleció a Isaías. ¡Pasó del "ay" al "ve"!

Este pasaje me inspiró a escribir la canción "I see the Lord" (Veo al Señor).

Veo al Señor, alto y sublime,
sentado en el trono de mi vida.
Y Él es santo, Él es santo,
Él es santo, está sentado en el trono de mi vida. [3]

Aprendí que cantar también era bueno para mi salud. Como afirman los investigadores de Harvard en Harvard Health Publishing, cantar mejora el sistema inmunológico, mejora el estado de ánimo, aumenta la energía, ejercita los pulmones, estimula la circulación, libera la tensión muscular y hace que absorbamos más oxígeno.[4] ¡Con razón el Señor nos anima a cantar! ¡Él creó el canto para traer gloria a sí mismo y sanidad para nosotros!

Te animo a que decidas hoy adorar a Dios, independiente-

---

3 https://www.youtube.com/watch?v=FI8LNihrWcc

4 https://www.health.harvard.edu/newsletter.article/In_Brief_Sing_along_for_health. 9-4-21, 11:17 a.m.

mente de si tu espíritu se encuentra exaltado o decaído. Cantarle al Señor te ayudará durante el proceso de duelo. Al hacerlo, te elevarás a Su gloriosa presencia. Encontrarás nuevas fuerzas para tu viaje.

Ejercicios de reflexión:

1. ¿Tienes algún familiar que esté sufriendo de manera destructiva? Dejar a esa persona en las manos de Dios te dará una perspectiva celestial y te ayudará a progresar en tu sanación.

   _____
   _____
   _____
   _____
   _____
   _____
   _____
   _____
   _____

2. ¿De qué manera estás experimentando drama añadido al trauma?

   _____
   _____
   _____
   _____
   _____

3. Tómate unos momentos para pedirle al Espíritu Santo que te recuerde cantarle a Jesús y declarar Su dignidad, ya sea que te encuentres bien o mal.

4. Cuando te sientas deprimido, considera los siguientes pasos:
   - Haz una pausa y reconoce tus sentimientos de angustia,
   - admite honestamente tus sentimientos ante Dios, y
   - canta a Dios sin importar tus emociones.

Capítulo 5
¡Ora, ora, ora!
por Capellana Roberta Reyna, MA

Estén siempre alegres, oren sin cesar, den gracias a Dios en toda situación, porque esta es su voluntad para ustedes en Cristo Jesús.
1 Tesalonicenses 5:16-18

Mi relación con Dios, a través de la oración, ha sido el fundamento de mi vida. En cada temporada, Él ha escuchado mis gritos de ayuda. Si bien Él no siempre ha respondido como yo hubiera querido, siempre ha sabido qué es lo mejor para mí.

Cuando tenía ocho años, entendí el Evangelio: Jesucristo murió y resucitó por mis pecados. Le pedí que perdonara mis pecados y que fuera mi Señor y Salvador. Esto cambió mi vida y la forma en que veía todo lo que me rodeaba. Antes de eso, traté de entender las razones detrás de las circunstancias. Después de eso, confié en Dios para que me enseñara y me guiara a través de las aventuras de la vida.

Desde el comienzo de nuestra relación, conocí a Dios como mi mejor amigo. Él me amó con todo Su corazón. Su amistad ha demostrado ser mejor que cualquier amistad terrenal.

Cuando era niña, pasaba horas a solas con Él, hablándole, cantándole y escuchando Su voz dulce, amorosa y, a veces, autoritaria. Cada día, leía Su Palabra una y otra vez porque quería aprender más sobre Él y acercarme más a Él.

Como todos los demás, a medida que fui creciendo, experimenté tentaciones, desilusiones y dificultades, pero Él siempre estuvo a mi lado. A veces me desviaba, pero cuando regresaba, Él siempre estaba ahí con los brazos extendidos.

Me casé a los veintitrés años. Durante veintinueve años de matrimonio, tuve muchas experiencias difíciles y amargas. Sin embargo, en cada situación, acudí a Dios en oración. Él fue mi Consolador y Proveedor.

A medida que maduré en mi relación con Dios, comencé a comprender lo que la Biblia significa en 1 Tesalonicenses 5:17, donde dice que hay que orar sin cesar. Aprendí que mi relación con Dios era un caminar diario con Él. Para mantener esa relación armoniosa, aprendí a practicar estas disciplinas diarias:

- Ceder la autoridad sobre cada área de mi vida al señorío de Jesucristo.
  - "Por eso Dios lo exaltó hasta lo sumo y le otorgó el nombre que está sobre todo nombre, para que ante el nombre de Jesús se doble toda rodilla en el cielo y en la tierra y debajo de la tierra, y toda lengua confiese que Jesucristo es el Señor, para gloria de Dios Padre" (Filipenses 2:9-11).
- Creer que todas las cosas buenas provienen de Él y cooperan para el bien de quienes lo aman.
  - "Toda buena dádiva y toda perfecta bendición descienden de lo alto, donde está el Padre que creó las lumbreras celestes, y quien no cambia ni se mueve como las sombras" (Santiago 1:17).
  - "Ahora bien, sabemos que Dios dispone todas las cosas para el bien de quienes lo aman, los que han sido llamados de acuerdo con su propósito" (Romanos 8:28).
  - "Pues si ustedes, aun siendo malos, saben dar cosas buenas a sus hijos, ¡cuánto más su Padre que está en los cielos dará cosas buenas a los que le pidan!" (Mateo 7:11).
  - "Bueno es el Señor con quienes esperan en él, con todos los que lo buscan" (Lamentaciones 3:25).
- Creer que Él es leal y fiel a Su Palabra. Él nunca mentirá.
  - "Dios no es un simple mortal para mentir y cambiar de parecer. ¿Acaso no cumple lo que promete ni lleva a cabo lo que dice?" (Números 23:19).
  - "Mantengamos firme la esperanza que profesamos, porque fiel es el que hizo la promesa" (Hebreos 10:23).
- Creer que al humillarme y estar dispuesta a admitir mis pecados y fracasos, puedo confiar en Su gran

misericordia y bondad al aceptarme y perdonar todas mis transgresiones.
- "Si confesamos nuestros pecados, Dios, que es fiel y justo, nos los perdonará y nos limpiará de toda maldad" (I Juan 1:9).
- "Por el gran amor del Señor no hemos sido consumidos y su compasión jamás se agota. Cada mañana se renuevan sus bondades; ¡muy grande es su fidelidad! Me digo a mí mismo: El Señor es mi herencia. ¡En él esperaré!" (Lamentaciones 3:22-24).

- Adorarlo, haciendo un hábito estar agradecida por quién es Él y quién soy yo en Él. Él se complace cuando le muestro mi aprecio al decirle lo bueno y grande que es.
  - "Santo, santo, santo es el Señor Dios Todopoderoso, el que era y que es y que ha de venir" (Apocalipsis 4:8).
  - "Digno eres, Señor y Dios nuestro, de recibir la gloria, la honra y el poder, porque tú creaste todas las cosas; por tu voluntad existen y fueron creadas" (Apocalipsis 4:11).

- Consultarlo antes de tomar decisiones. Él lo sabe todo, y siempre quiere lo mejor para mí. Si no sigo Su plan, nuestra relación se verá afectada. Experimentaré consecuencias adversas porque me aparté de Su camino, que me habría llevado a bendiciones y una vida abundante.
  - "Tu palabra es una lámpara a mis pies; es una luz en mi sendero" (Salmos 119:105).
  - "Si ustedes me aman, obedecerán mis mandamientos" (Juan 14:15).

Gracias a estas disciplinas espirituales, sabía a quién acudir cuando había las malas noticias. Mi marido llevaba dos años enfermo. Después de ver cómo su salud empeoraba, finalmente le diagnosticaron un cáncer de pulmón metastásico e incurable. Sentí que estaba en un pozo oscuro, pero rápidamente busqué a mi querido y fiel Amigo para que me ayudara en mi angustia.

Dios me permitió experimentar la verdad de que era débil. Sólo cuando me apoyaba y confiaba en Él podía volverme fuerte. No podía, a través de mis propias fuerzas, producir alegría, paz, salud, provisión o cualquier otra cosa. Estos regalos sólo vienen de Dios, el Dador de todas las cosas buenas. Mientras acudía a Él en oración, Él me bendijo con paz, seguridad, gozo y esperanza. Cada vez que le llevaba mi dolor y tristeza, Él me envolvía en Su amor y me decía "Lee mi Palabra; cree en Mí". Él era mi consuelo.

> *Mi relación con Dios, a través de la oración, ha sido el fundamento de mi vida. En cada temporada, Él ha escuchado mis gritos de ayuda. Si bien Él no siempre ha respondido como yo hubiera querido, siempre ha sabido qué es lo mejor para mí.*

Yo tenía cincuenta y dos años cuando mi esposo partió para estar con el Señor. Había sido cristiana durante casi cuarenta y cuatro años, pero todavía tenía mucho que aprender sobre una vida de oración. Tengo casi setenta y dos años en este momento. ¡Todavía estoy aprendiendo sobre la oración del mejor Maestro de todos los tiempos! Todavía dice a menudo: "Vengan a mí todos ustedes que están cansados y agobiados; yo les daré descanso" (Mateo 11:28).

Es de vital importancia que yo escuche Su voz. Él es el Camino, la Verdad y la Vida (Juan 14:6). Las soluciones a mis problemas físicos, emocionales y espirituales se encuentran en Cristo, a través de mi fiel comunicación con Él. No necesito orar con palabras elocuentes; sólo necesito abrirle mi corazón, y Él me escuchará. También necesito escucharlo mientras leo y obedezco Su Palabra.

Después del fallecimiento de mi esposo, fui responsable de enormes facturas médicas, incluidos gastos del hospital, médicos y servicios de ambulancia. Lloré mientras pensaba en todas las facturas que se estaban acumulando: mi hipoteca, facturas de servicios públicos, seguros y pagos del automóvil. Si a eso le sumamos una enorme factura médica, ¡nunca podría pagarlo todo!

Fui a la oficina de Servicios Sociales del hospital y les supliqué que redujeran mi factura. Muy fríamente me dijeron que no podían hacer nada. Regresé cuatro veces más, sin éxito. Entonces, me volví hacia el Señor. Lloré y me quejé ante Él, y me escuchó pacientemente. Entonces, un día, dejé de llorar, y le pregunté al Señor qué podía hacer al respecto. Me recordó la parábola de Jesús en Lucas 18:2-8:

> Había en cierto pueblo un juez que no tenía temor de Dios ni consideración de nadie. En el mismo pueblo había una viuda que insistía en pedirle: "Hágame usted justicia contra mi adversario".
>
> Durante algún tiempo él se negó, pero por fin concluyó: 'Aunque no temo a Dios ni tengo consideración de nadie, como esta viuda no deja de molestarme, voy a tener que hacerle justicia, no sea que con sus visitas me haga la vida imposible'".

Jesús estaba enseñando a sus discípulos a no darse por vencidos. Me di cuenta de que Él también me estaba diciendo que no me diera por vencida.

Durante los siguientes tres meses, seguí yendo a la oficina de Servicios Sociales dos o tres veces por semana. Estoy segura de que, cuando me veían venir, querían huir. Sin embargo, las oficinas estaban dispuestas de tal manera que el personal no podía salir sin cruzarse conmigo.

Continuaron diciendo que no podían ayudarme, pero seguí sugiriendo que consideraran diferentes opciones. Entonces, ¡ocurrió un milagro! Después de orar persistentemente todos los días, fui una vez más a la oficina de Servicios Sociales. ¡Explicaron que habían encontrado una fisura legal! Pudieron cancelar el ochenta porciento del costo porque mi hija menor tenía menos de dieciocho años. No entendía por qué eso hacía una diferencia, pero ¡realmente no me importaba! Sólo me preocupaba pagar mi factura, y el Señor lo había hecho posible. Aunque pensé que Dios estaba tardando demasiado en responder mis oraciones, descubrí que Su respuesta llegó justo a tiempo.

Unos meses después de la muerte de mi esposo, dejé que un familiar cercano se quedara en nuestra casa. Dejó entrar a mi casa a otro familiar, quien robó algunos de mis cheques. Sin mi conocimiento, se emitieron y cobraron varios cheques de gran valor. Estaba tan ocupada trabajando, atendiendo a mi labor de pastora y pasando tiempo con mis dos hijas adolescentes que no me di cuenta de lo que había sucedido. Dos meses después, comencé a recibir avisos atrasados y cargos del banco por cheques sin fondos. ¡Mi cuenta bancaria estaba sobregirada por diez mil dólares!

Me aconsejaron que presentara cargos y mandara al ladrón a la cárcel, pero como se trataba de un familiar cercano, no quería hacer eso. ¡Estaba muy enojada! Entonces, fui a ver a mi mejor amigo, Jesús, y le pregunté qué hacer. Me instó a perdonar a mi familiar. Aunque al principio no quería hacerlo, cumplí con Su orden. Luego, me di cuenta de que si esta persona iba a la cárcel, de todos modos no tendría forma de ganar dinero para devolverme el dinero. Entonces, decidí confrontarlo y dejar la situación en manos de Dios. La gente me decía que estaba loca, pero Dios me dijo que descansara en Él.

No pasó mucho tiempo antes de que pagara todo lo que debía y tuviera paz en mi familia. Al final, Dios trajo calma a lo que parecía una catástrofe. Tuve una sensación de gozo y satisfacción al saber que había obedecido al Señor y que Él había venido a rescatarme. Él me ayudó en estas difíciles situaciones financieras.

Dios también respondió a mis oraciones de protección. Antes de ir a trabajar todos los días, oraba para que Dios protegiera a mis hijas y mi hogar. Un día, llegué a casa del trabajo y encontré la puerta de la entrada abierta y el horno de microondas en el suelo. Inmediatamente me di cuenta de que alguien había estado allí para llevarse todos los objetos de valor. ¡Habían rebuscado por las habitaciones y dejado un desastre! Sacaron cajones y tiraron cosas al suelo. ¡El televisor, el reproductor de casetes y muchas otras cosas habían desaparecido!

Llamé a la policía y a la compañía de seguros. ¡En menos de una semana, el cheque de reembolso del seguro me permitió comprar electrodomésticos nuevos que eran mejores que los que tenía! Alabé al Señor por hacer que una situación cambiara para bien.

Después del robo, mis hijas y yo ya no nos sentíamos seguras en la casa. Recé Salmos 34:7 por nosotros: "El ángel del Señor acampa en torno a los que le temen; a su lado está para librarlos". Le pedí a Dios que enviara a sus ángeles a acampar alrededor de nuestra casa día y noche. Dios respondió mi oración y nos dio paz.

¡Podría seguir compartiendo tantas situaciones en las que Dios ha cambiado mis circunstancias y me ha dado su gracia con otras personas! Realmente ha sido un Fiel Amigo, Compañero, Protector y Proveedor.

Han pasado ya veinte años desde que mi vida cambió radicalmente con el fallecimiento de mi marido. En aquellos momentos, sentía un enorme agujero en mi corazón. Mi mente estaba llena de dudas. Me enfrentaba a preocupaciones financieras, culpa y muchos otros problemas. Me sentía herida, triste, sola, insegura, asustada y perdida.

En ese momento, tomé una sabia decisión. Cada vez que me sentía desanimada, deprimida o en necesidad, recurría a mi Amigo Fiel en oración. Mientras oraba, oraba y oraba, Él nunca dejó de responder. Él siempre estuvo ahí, listo, dispuesto y capaz de ayudarme. Me enseñó que la oración no es sólo decir palabras: es una conversación íntima y continua entre dos partes.

Santiago 4:2 dice: "No tienen, porque no piden". Muchas veces, cuando no tengo lo que necesito es porque no me he detenido el tiempo suficiente para hablar con Dios al respecto. ¡Quizás ni siquiera me dé cuenta de que no me he estado comunicando con Él regularmente! Cuando hablo con Él acerca de mis necesidades, Él aclara mi perspectiva, satisface mis necesidades en abundancia y me da fuerzas más allá de las mías.

Mientras camino con Jesús cada día, experimento un nuevo gozo. Él siempre está conmigo en las buenas y en las malas. Todo lo que tengo y todo lo que soy es el resultado de mis momentos íntimos de oración con el Señor. Mi fuerza, mi salud y mi bienestar provienen de Aquel que nos creó a todos y que nos ama más que a nadie.

Si tú también quieres experimentar una relación íntima con Dios, te invito a buscarlo, y lo encontrarás. Él anhela comunicarse contigo. Él quiere ser tu Fortaleza, tu Guía, tu Protector, tu Proveedor. Él puede serlo todo para ti en esta vida y en la venidera. A medida que lo busques y aprendas a orar sin cesar, Sus bendiciones serán tuyas.

Ejercicios de reflexión:

1. A veces, nuestra comunicación con Dios se produce a través de la lectura de Su Palabra. ¿Has escuchado a Dios hablarte de esta manera? ¿Qué dijo?

   _____
   _____
   _____
   _____
   _____
   _____
   _____
   _____
   _____
   _____
   _____
   _____

2. A veces, nuestra comunicación con Dios se produce a través de la oración. ¿Cómo describirías tu comunicación actual con el Señor?

   _____
   _____
   _____
   _____

3. ¿Cuáles son algunas respuestas que has recibido ante la oración?

Capítulo 6
El autocuidado en tu viudez
por Linda Smith, BS

El cuidado personal es un tema muy importante a abordar después de perder a un cónyuge. Si tu matrimonio se parecía en algo al mío, tú y tu cónyuge probablemente se cuidaban mutuamente, hasta cierto punto. Ahora, el cuidado personal es tu propia responsabilidad. Es importante cuidar de ti mismo no sólo por tu bien, sino también por el de tu familia y amigos. Ignorar el cuidado personal puede causar más problemas en el futuro, por lo que ahora es el mejor momento para comenzar. Es más fácil mantenerse fuera de un pozo que salir una vez que se cayó en él.

Estimado lector, es posible que hayas sufrido la mayor pérdida de tu vida. Cuando leas este capítulo, concédete mucha gracia, especialmente si acabas de empezar tu viaje de duelo. Tal vez puedas encontrar una idea o dos que te ayuden a seguir adelante. Cada paso cuenta como un éxito. Si te sientes abrumado, tal vez desees volver a este capítulo más adelante o pedirle a un amigo que te apoye a cuidarte de ti mismo. Algunas de estas ideas serán objetivos a largo plazo, pero otras deberían implementarse tan pronto como puedas reunir suficiente valentía y energía.

Cuando enviudé por primera vez, me di un año de "bondad hacia mí misma". Me traté a mí misma como trataría a un buen amigo. Funcionó tan bien que decidí hacerlo un año más. ¡Después de dos años, el cuidado personal se convirtió en un hábito!

Debo hacer una aclaración. Soy viuda desde hace ocho años, así que llevo un tiempo reconstruyendo mi vida. No soy experta en cuidarme, así que sólo te diré lo que a mí me ha funcionado. Esto parece más un testimonio que una guía. Si alguna de mis ideas te funciona, bien. Si no es así, no te quedes atrapado allí. Pregunta y descubre qué les ha funcionado a tus demás amigas o amigos viudos.

Hablemos ahora del cuidado de nuestros cuerpos, nuestras responsabilidades y nuestras oportunidades.

Hay razones obvias para cuidar de nuestro cuerpo, pero también hay razones espirituales. Pablo nos exhorta:

¿Acaso no saben que su cuerpo es templo del Espíritu Santo, quien está en ustedes y al que han recibido de parte de Dios? Ustedes no son sus propios dueños; fueron comprados por un precio. Por tanto, glorifiquen con su cuerpo a Dios (1 Corintios 6:19-20).

Pablo también dice: "Por eso nos empeñamos en agradarle, ya sea que vivamos en nuestro cuerpo o que lo hayamos dejado"(2 Corintios 5:9).

> *Es posible que hayas sufrido la mayor pérdida de tu vida. Cuando leas este capítulo, concédete mucha gracia, especialmente si acabas de empezar tu viaje de duelo. Tal vez puedas encontrar una idea o dos que te ayuden a seguir adelante. Cada paso cuenta como un éxito.*

Entonces, tu cuerpo es una herramienta para glorificar a Dios, y tu cuerpo le pertenece a Él. Mientras lees la lista a continuación, considera los buenos hábitos que ya tienes y los que te gustaría adquirir:

- Comer bien. No es inusual perder la noción de una alimentación saludable si estás cuidando a un cónyuge que ha estado enfermo durante mucho tiempo. Mi amiga, Mary Beth, fue hospitalizada después de la muerte de su esposo porque sus niveles de hierro habían caído a un nivel potencialmente mortal durante la enfermedad y, más tarde, el fallecimiento de Bob. Estaba tan concentrada en cuidar de Bob que no se cuidó bien a sí misma. Se enfermó y ni siquiera se dio cuenta.

  El estrés también puede hacer que comamos demasiados carbohidratos. Es posible que no pensemos con antelación y planeemos lo que vamos a comer. La comida rápida también puede ser una tentación cuando tenemos que comer solos. Debido a que el duelo parece deformar el tiempo, es fácil que uno se olvide de comer. La pérdida de apetito no es infrecuente, pero puede ser peligrosa si se vuelve habitual.

- Mantente hidratado. Es difícil beber demasiada agua, especialmente si se pierden líquidos corporales al llorar mucho. Una mujer mayor me dijo una vez que no beber suficiente agua es como lavar la ropa sin detergente. ¡Puaj! Piénsalo. En casa tengo una botella de agua de 20 onzas que necesito llenar y beber tres veces al día.

  Las bebidas que no son agua deben consumirse con moderación. Me encanta tomar café, pero es un diurético, por lo que estoy trabajando en reducir mi consumo y aumentar mi consumo de agua. Beber alcohol para aliviar el dolor del duelo puede ser una trampa. La Biblia enseña moderación en todo y prohíbe la embriaguez. No es con motivo de ser aguafiestas. Es la sabiduría inspirada por Dios.

- Duerme bien, o al menos lo mejor que puedas. A veces es difícil dormir cuando se sufre una gran pérdida. Es posible que ni siquiera quieras estar solo en tu cama. Pero dormir promueve la sanación, la salud, la resiliencia, la energía, la memoria y mucho, mucho más. Dormir también te ayuda a llorar porque tu cerebro resuelve problemas y procesa recuerdos mientras duermes. El duelo consume mucha energía, por lo que tu cuerpo necesita dormir más. Priorizar el tiempo que dedicas a dormir te vendrá muy bien.

Vi a mi hija entrenar a sus bebés para dormir. Los calmaba antes de que llegara la hora de dormir. Luego los acostaba en la misma cama a la misma hora todas las noches, y los despertaba a la misma hora todas las mañanas. Su primera siesta del día era a la misma hora todos los días. Te habrás dado una idea. Se desarrolló un ritmo, y sus bebés prosperaron. Ahora son mayores, pero todavía tienen una hora a la que se acuestan y una hora a la que se levantan. Creo que los adultos también se benefician al acostarse y levantarse a una hora determinada. He desarrollado un ritmo para mí. Como resultado, tengo energía durante el día y descanso por la noche. Mi cuerpo sabe cuándo dormir y cuándo despertar. Una ventaja adicional es que no tengo que perder tiempo intentando levantarme de la cama por la mañana.

- Haz ejercicio. Es posible que los beneficios del ejercicio no sean obvios cuando estás profundamente afligido, así que ve poco a poco. Comienza con una caminata corta. Es posible que disfrutes más del ejercicio si sales al aire libre. Un beneficio adicional de hacer ejercicio al aire libre es la vitamina D que obtenemos del sol. Me encanta quedar de salir con un amigo o amiga, sobre todo si vamos a la playa o a una ruta de senderismo. A medida que te acostumbres a hacer ejercicio, aumenta la duración, la frecuencia o la dificultad de tu rutina. De vez en cuando, incluso me recompenso caminando hasta una cafetería o una tienda para comprar algo.
- Vigila tu salud. Es una buena idea visitar al médico dentro de los primeros tres meses después de la pérdida de tu cónyuge. Una evaluación profesional de tu salud física, mental y emocional te ayudará a saber cómo planificar tu autocuidado. Es posible que tu médico tenga otras recomendaciones para ayudarte a sobrellevar este periodo de profundo dolor. Incluso poner un foco más brillante y de espectro completo en tu lámpara puede ayudar a disipar la oscuridad del alma al iluminar tu habitación.
- Verifica tus pensamientos. Filipenses 4:6-8 dice:

    No se preocupen por nada; más bien, en toda ocasión, con oración y ruego, presenten sus peticiones a Dios y denle gracias. Y la paz de Dios, que sobrepasa todo entendimiento, cuidará sus corazones y sus pensamientos en Cristo Jesús.

    Por último, hermanos, consideren bien todo lo verdadero, todo lo respetable, todo lo justo, todo lo puro, todo lo amable, todo lo digno de admiración, en fin, todo lo que sea excelente o merezca elogio.

    Pablo nos está diciendo que debemos proteger nuestros pensamientos y llevarlos cautivos. Podemos ayudarnos en este proceso monitoreando nuestra exposición a los estímulos. Personalmente, he descubierto que ver las noticias alimenta la ansiedad, mientras que la Palabra de Dios la alivia. En cualquier momento del día o de la noche, puedo elegir el foco de mis pensamientos.

- **Consiéntete.** Proverbios 17:22 dice: "El corazón alegre es un buen remedio, pero el ánimo decaído seca los huesos". Intenta encontrar algo que disfrutes hacer. Juguetea en el taller, pinta algunas piedras, cómprate una hermosa planta, da una caminata por la montaña, vuelve a ver una vieja película favorita con un amigo mientras comparten palomitas de maíz. Tu pena no desaparecerá, pero puede que sea un poco más tolerable después de que pases un buen momento.

¿Hay algunas ideas en esta lista que ya estés poniendo en práctica? Sigue haciéndolo. ¿Hay algunas que podrías poner en práctica para cuidarte mejor? Anótalas para que no las olvides.

Ahora, dirijamos nuestra atención a la desorganización que ocurre naturalmente después de la pérdida de un cónyuge. Además de nuestros deberes regulares, puede que heredemos las responsabilidades de nuestro difunto cónyuge. Esto puede resultar abrumador y caótico. Me gustaría ayudarte a aprender cómo pasar del caos al orden.

Cuando Dios creó la tierra, puso orden. Puso el agua por aquí y la tierra por allá. La luna pertenece al cielo, pero no cuando el sol está allí. ¿Te imaginas a La Trinidad teniendo una conversación sobre cómo organizar la creación?

Dios también organizó los eventos que condujeron a la muerte y resurrección de Jesús, ¡y a nuestra salvación! Piensa en la creación de un bebé. Salmos 139 describe la cuidadosa atención de Dios a cada detalle del desarrollo de un bebé en el útero. En 1 Corintios 14:33, Pablo habla del orden en la iglesia. Él dice: "Porque Dios no es Dios de desorden, sino de paz". Parece que el desorden es lo opuesto a la paz. Ciertamente lo es para mí.

Una de mis herramientas favoritas para dominar el caos son las listas. Como aprendo visualmente, necesito ver las piezas que conforman mi rompecabezas. Si tienes dificultades para realizar un seguimiento de las tareas, un cuaderno de espiral puede mantener todas tus listas en un solo lugar. Usualmente tengo varias listas: una para hacer recados, otra para las tareas del hogar, otra para el dinero que va y viene, etc. Si aprendes de forma más aleatoria o cinestésica, las fichas o notas adhesivas podrían funcionar mejor. Así, puedes anotar tareas y reorganizarlas.

Cuando Kirby murió, se produjo el caos. Todo parecía estar dando vueltas. ¡Había tantas cosas por hacer! Mi familia y yo hicimos una lista de planes funerarios. Hicimos otra lista de personas que traían comida. Hicimos una lista de tareas que debían realizarse antes de que llegaran más familiares. Hicimos una lista de los traslados al aeropuerto. No podría haber organizado estas tareas sin la ayuda de otros. El dolor se apoderó de mí con confusión e incapacidad para concentrarme.

Después de hacer nuestras listas y determinar fechas y horas para algunos elementos, transferimos esas tareas a un calendario y las tachamos de las listas. A eso lo llamo "calendarización". Por ejemplo, "Llamar al médico" se convirtió en una fecha y hora en el calendario cuando conseguí una cita. No era necesario hacer más.

Al volver a mirar las listas, decidimos que deberíamos delegar algunos de estos trabajos. Mi hermana escribiría el obituario y lo enviaría al periódico. Mi hija estaría a cargo de crear el video para el servicio conmemorativo. Anotamos sus nombres, y luego tachamos las tareas de las listas porque no era necesario hacer más.

> A medida que adquieras habilidades de organización, aumentará tu confianza en que realmente puedes poner orden en medio del caos.

En mi nueva normalidad, terminé contratando ayuda. Decidí que no era razonable añadir todas las tareas de Kirby a mi lista. Dios proporcionó trabajadores en los que confiaba, y las tareas se cumplieron Cuando delegamos tantos elementos de nuestras listas como fuera posible, comenzamos a priorizar las tareas que quedaban. Las numeramos a lápiz para poder renumerarlas más tarde. Con el paso del tiempo, fui recuperando la capacidad de administrar mi vida.

A medida que adquieras habilidades de organización, aumentará tu confianza en que realmente puedes poner orden en medio del caos. He aquí un par de consejos más:

- Ordena tu correo antes de guardarlo.
    - Recicla la basura.
    - Coloca las facturas y cartas que necesiten una respuesta en un archivo rotativo antes de la fecha de vencimiento.
    - Coloca las tarjetas de condolencia (correo feliz) en una canasta para leerlas más tarde.
- Obtén ayuda con las finanzas. Si tu cónyuge se ocupaba de los impuestos, inversiones, seguros, títulos de propiedad, documentos que ayudan a planear el final de la vida, seguro social, etc., este no es el momento para que aprendas a hacerlo. No podía entender estos nuevos conceptos, al menos no en ese momento. La contratación externa me ha funcionado muy bien.
- Cuando decidas qué elementos contratar, evalúa las consecuencias de si el trabajo no se hiciera bien. Es importante que el cambio de aceite de tu automóvil se haga bien porque los automóviles son caros. Por lo general, los trabajos de jardinería pueden arreglarse sin consecuencias duraderas. Decidí empacar mis propias cajas para la mudanza porque tenía el tiempo y la energía, pero contraté a una empresa de mudanzas para que llevaran todas mis cosas al camión y hasta mi departamento en el tercer piso. Eso requirió más fuerza que la que teníamos mis amigos o yo.

Esta nueva etapa de la vida también ofrece nuevas oportunidades. Un día, mi esposo llegó a casa del trabajo y nos dijo que acababa de trabajar su último día en ese trabajo. Su empresa lo había despedido. Recibiría una indemnización por despido durante once meses, y luego tendría que ponerse en marcha y realizar algún otro tipo de trabajo. Esto parecía el fin del mundo, pero en realidad impulsó a Kirby a iniciar su propio negocio, que luego resultó ser una tremenda bendición.

Años más tarde, volví a casa del hospital donde Kirby acababa de dar su último aliento. Ya no era su esposa; ya no sería padre de nuestros hijos o nietos. Podría cobrar un seguro de vida, y luego tendría que decidir qué hacer.

Kirby había aceptado su desafío, por lo que inició su propio negocio. ¿Aceptaría yo también mi desafío y avanzaría en el plan de Dios para mí? Me tomé un tiempo para contemplar mis opciones y oportunidades mientras vivía en la misma casa, iba a la misma iglesia y trabajaba en el mismo empleo.

En Mateo 25 (NTV), Jesús nos cuenta la parábola del hombre que confió su dinero a sus siervos y luego los abandonó. Dos de los sirvientes fueron ingeniosos y multiplicaron el dinero de su amo. El otro siervo respondió: "Tenía miedo de perder su dinero, así que lo escondí en la tierra". El amo estaba enojado con la elección del último sirviente. ¿A qué sirviente elegiría parecerme?

He tenido miedo, en un grado u otro, toda mi vida. He tenido miedo al fracaso. He tenido miedo a los nuevos desafíos. He tenido miedo de decepcionar a los demás. He tenido miedo de dar la impresión de que soy estúpida. Cuando Kirby murió, tuve que afrontar mis miedos. Podría enterrarlos en la tierra para que nadie los viera, o podría arriesgarme a intentar aprender nuevas habilidades.

Descubrí que en Proverbios 16:3 la Biblia dice: "Pon en manos del Señor todas tus obras y tus proyectos se cumplirán". Isaías 41:10 dice: "Así que no temas, porque yo estoy contigo; no te angusties, porque yo soy tu Dios". Un día, mientras oraba por esto, el Señor me dijo: "Aún te quedan treinta años. No los desperdicies". No soy una persona dócil, así que algo dentro de mí se rebeló contra la idea de quedarme sentada durante tres décadas jugando sudoku. Eso haría tan feliz al enemigo de mi alma y tan decepcionado de mí al Amante de mi alma, Jesucristo. Entonces decidí que iba a arriesgarme a algunos fracasos y aprovechar las oportunidades que Dios me traía.

Empecé poco a poco. Mi papá me enseñó a cambiar el filtro de mi caldera y a usar mi taladro eléctrico. Contraté a un equipo para cavar mi seto y a otro equipo para construir una cerca en su lugar. Aprendí a reservar un vuelo, llegar al aeropuerto y buscar mi equipaje en el siguiente aeropuerto. Dios me ayudó a resolver algunos problemas difíciles. Tuve confianza en la constante presencia y comunicación de Dios conmigo. Finalmente, vendí una casa, compré un departamento y me retiré del trabajo. Sí, había confiado mis planes a Dios. Él los hizo triunfar.

Mencioné la lectura de la Biblia y la oración. Ambos han sido fundamentales para encontrar mi camino en este nuevo capítulo de mi vida. Gálatas 4:4 dice: "Pero cuando se cumplió el plazo, Dios envió a su Hijo, nacido de una mujer, nacido bajo la Ley". ¿Qué ley? En esta tierra, Jesús estuvo sujeto a leyes de la naturaleza como la gravedad, el dolor, el impulso, la sed y la causa y efecto. Jesús demostró sus prioridades al pasar tiempo con sus discípulos. La comunicación era necesaria.

En nuestras relaciones con Jesús, estamos sujetos a esa misma ley de causa y efecto. Si pasamos poco tiempo con Jesús, lo conoceremos muy poco. Si pasamos mucho tiempo con Él, lo conoceremos muy bien.

Jesús vino a esta tierra con un propósito. Habría sido mucho más fácil para Él no cumplir Su propósito hasta la cruz, la tumba y luego la Gloria. Llegué a este capítulo de mi vida con un propósito, y Dios me está ayudando a vencer mis miedos y encontrar mi propósito en Él. Jeremías 29: 11-13 dice:

> "Porque yo conozco los planes que tengo para ustedes —afirma el Señor—, planes de bienestar y no de calamidad, a fin de darles un futuro y una esperanza. Entonces ustedes me invocarán, vendrán a suplicarme y yo los escucharé. Me buscarán y me encontrarán cuando me busquen de todo corazón".

Jesús nos invita a encontrarlo en nuestro dolor.

Este nuevo capítulo de la vida presenta nuevos desafíos, responsabilidades y oportunidades. Un buen cuidado personal conduce a una mejor salud que nos permitirá encontrar la fuerza física, emocional y espiritual para afrontar los desafíos del duelo.

Ejercicios de reflexión:

1. ¿Qué ideas te gustaría anotar aquí para cuidar mejor tu cuerpo?

   _____
   _____
   _____
   _____
   _____
   _____
   _____
   _____
   _____

2. ¿Qué aspecto de tu vida quieres organizar primero? ¿Hay alguien que te pueda ayudar a hacerlo?

   _____
   _____
   _____
   _____
   _____
   _____
   _____
   _____
   _____
   _____

3. ¿Qué oportunidad o desafío en este nuevo capítulo de la vida te genera más miedo? Cuéntaselo todo a Dios. A continuación, escribe cuál crees que sería Su respuesta.

_____
_____
_____
_____
_____
_____
_____
_____
_____
_____
_____
_____

Capítulo 7
¿Ahora qué? Encontrar un propósito durante y después de la pérdida
por Ruth Ost-Martínez

Al momento de escribir estas líneas, han pasado dos años de la partida de mi amado Victorio. El dolor que experimenté al perder a quien fue mi esposo durante cuarenta y ocho años es indescriptible. Sólo por la gracia de Dios he podido seguir adelante.

Isaías 41:10 dice: "Así que no temas, porque yo estoy contigo; no te angusties, porque yo soy tu Dios. Te fortaleceré y te ayudaré; te sostendré con la diestra de mi justicia". Puedo decir con seguridad que Dios ha sido fiel conmigo. De hecho, Él me sostuvo con Su diestra justa, me ayudó y me acompañó.

Un versículo que Dios me trajo a la mente el día que murió mi marido fue el mismo que le dio a mi madre cuando enviudó. "El Señor cumplirá en mí su propósito. Tu gran amor, Señor, perdura para siempre; ¡no abandones la obra de tus manos!" (Salmos 138:8 NVI).

Al mismo tiempo, comencé a entender el sentido de las palabras que dijo Pablo en 2 Corintios 1:3-7 (NVI):

> Bendito sea el Dios y Padre de nuestro Señor Jesucristo, Padre misericordioso y Dios de toda consolación, quien nos consuela en todas nuestras tribulaciones para que, con el mismo consuelo que de Dios hemos recibido, también nosotros podamos consolar a todos los que sufren. Pues, así como participamos abundantemente en los sufrimientos de Cristo, así también por medio de él tenemos abundante consuelo. Si sufrimos, es para que ustedes tengan consuelo y salvación; y si somos consolados, es para que ustedes tengan el consuelo que los ayude a soportar con paciencia los mismos sufrimientos que nosotros padecemos. Firme es la esperanza que tenemos en cuanto a ustedes, porque sabemos que, así como participan de nuestros sufrimientos, así también participan de nuestro consuelo.

Antes de que Victorio muriera, habíamos confirmado un viaje misionero de tres meses, el cual comenzaría dos semanas después de que él murió. "¿Qué debería hacer?", me preguntaba. "¿Debería quedarme en casa y llorar por tres meses? ¿O debería esforzarme por consolar a los demás mientras me encuentro en plena aflicción?". Mi mente estaba en blanco. No tenía sentido de la orientación. Aquel que siempre oraba y confirmaba conmigo estas invitaciones ya no estaba a mi lado.

Mi primera pregunta fue: "¿Cómo sobreviviré el día de hoy? ¿Estaré deprimida, triste y desesperada? ¿O podría posiblemente atravesar mi "valle de lágrimas" y emerger como una fuente dadora de vida? ¿Seguiré haciendo la pregunta "por qué" que no tiene respuesta a este lado de la eternidad? ¿O me levantaré en el poder de Su amor para cumplir mi propósito en mi nueva normalidad?".

Decidí seguir adelante y cumplir los compromisos que habíamos asumido. Le pedí a mi hija Ángela, misionera en Nicaragua, que me acompañara.

En nuestro primer servicio dominical, conocimos a una familia de ocho personas que acababa de perder a su madre cinco días antes. Al llorar juntos por su pérdida, sentí un poco de consuelo en mi propia alma. Durante los siguientes tres meses, seguí predicando y enseñando alrededor de una vez al día. En el proceso de ministrar a otras personas, comencé a entender que ya no era la misma persona que había sido cuando estaba casada con Victorio. Tendría que viajar por esta vida sin él, encontrando propósito y significado por mí misma.

> *El propósito de mi vida no terminó cuando murió mi amado esposo. He entrado en una nueva etapa de la vida y quiero vivirla al máximo, como lo he hecho en temporadas anteriores.*

Todo este tiempo estuve navegando por el "valle de las lágrimas" sin mapa ni GPS. Mi hermana Joy, también viuda, me llamaba todos los días. Mi hermano Mark me llamó desde Francia. Mis hijos lloraron conmigo.

Luego conocí a Mary Beth Woll y Linda Smith, dos viudas

que ayudaban a otras viudas. Dirigieron una reunión en línea de noventa minutos como parte de un grupo de duelo. Esta reunión semanal de ocho a diez viudas fue un refugio en el que escuchamos, comprendimos y lloramos juntas. Un día, sólo los profesores y yo nos presentamos a la clase. ¡Ese fue mi día! En este ambiente íntimo, pude expresar mis profundos sentimientos de dolor. Realmente escucharon y entendieron. Ese fue un punto de inflexión para mí.

Hubo otras dos coyunturas decisivas en mi viaje de duelo. Después de haber enviudado durante seis meses, decidí orar: "Gracias, Dios, por mi nueva vida como viuda". En ese momento una angustia muy profunda se liberó de mi alma.

Tomé una segunda decisión crítica al cumplirse un año. Isaías 61:3 dice: Dios va "a confortar a los dolientes de Sión... un traje de alabanza en vez de espíritu de desaliento". Me di cuenta de que había estado usando lo que parecía una prenda muy pesada de tristeza. Decidí quitármela y recibir el manto de gozo y felicidad de Dios. Mientras caminaba por mi valle de lágrimas, Dios lo convirtió en un lugar de manantiales. Reclamé las fieles y verdaderas promesas de Dios que me aseguraban que nada podría separarme de Su amor. Cultivé una actitud de agradecimiento y le pedí que me diera una canción en mi corazón todos los días.

También aprendí que la vida en este mundo trae consigo buenas y malas noticias. Juan 16:33 dice: "En este mundo afrontarán aflicciones". Experimentaremos lágrimas, dolor, tristeza, enfermedad, tragedia y muerte mientras vivamos en este mundo caído y pecaminoso. Sin embargo, Jesús continúa describiendo las buenas noticias: "pero ¡anímense! Yo he vencido al mundo". Finalmente, como dice 1 Corintios 15:26, "El último enemigo que será destruido es la muerte".

Apocalipsis 21:4 (NTV) dice que un día glorioso "no habrá más muerte ni tristeza ni llanto ni dolor". Dios mismo enjugará cada lágrima de nuestros ojos. Espero con ansia el día en que Dios diga: "Ruth, ya no tienes que llorar".

Como viuda, conocí al Espíritu Santo en una nueva dimensión, como el Consolador que siempre estaría a mi lado. Como Jesús prometió:

Cuando venga el Consolador que yo les enviaré de parte del Padre, el Espíritu de verdad que procede del Padre, él testificará acerca de mí (Juan 15:26 NVI).

¿Qué significa ser un consolador? Un consolador alivia el dolor o la aflicción de alguien. Trae consigo ayuda, consuelo y aliento. Tranquilizan con dulzura al decir: "Todo va a estar bien".

> *Extender la mano a viudas y huérfanos me dio un nuevo propósito en esta etapa de mi vida. Tenía un propósito cuando estaba soltera, y luego como esposa. Tengo un propósito como madre, abuela y bisabuela. Sin embargo, ahora tengo un nuevo propósito en mi viudez. He decidido aceptar este desafío y convertirme en un medio de consuelo para los afligidos.*

Incluso cuando comencé a sentir alivio de mi propio dolor, me di cuenta de que otras personas a mi alrededor también estaban sufriendo una gran pérdida. Una pandemia que arrasó México se cobró la vida de más de mil quinientos pastores. Nicaragua perdió más de sesenta pastores. De pronto, hubo una avalancha de personas que necesitaban consuelo. Extendí la mano para consolarlos y llorar con ellos. En una sola semana, llamé o envié mensajes a cincuenta personas que recién habían enviudado. ¡Tenía que hacer algo para satisfacer las necesidades de tantos viudos, viudas y huérfanos!

Dieciséis meses después del fallecimiento de mi esposo, instauré un servicio semanal en línea para la gente del ministerio que había enviudado. Empezamos con treinta, pero pronto nos inundó un tsunami de solicitudes de viudas y viudos de todos los ámbitos de la vida. En cinco meses, el proyecto creció exponencialmente en México y Centroamérica. Llegó a ser conocido como el "Legado del compañerismo". Pronto, estábamos ayudando a setecientas personas viudas.

Extender la mano a personas viudas y huérfanos me dio un nuevo propósito en esta etapa de mi vida. Tenía un propósito cuando estaba soltera, y luego como esposa. Tengo un propósito como madre, abuela y bisabuela. Sin embargo, ahora tengo un nuevo propósito en mi viudez. He decidido aceptar este desafío y convertirme en un medio de consuelo para los afligidos.

Recientemente, remodelé mi casa para convertirla en un oasis para las viudas del ministerio. Ofrezco un retiro para cinco mujeres a la vez. A menudo pregunto: "Querida, ¿cómo estás? ¿Cómo va tu proceso?". A veces les comparto algún chiste que me contó Victorio. Recordamos cómo animaba a los demás a ser felices en todo momento. Una cosa lleva a la otra. Ella comparte sobre su difunto esposo, reímos y lloramos juntas, y pronto una persona más se siente consolada.

No tengo que ser fuerte y valiente. Sólo necesito abrir mi corazón con sinceridad, lo que allana el camino para que otra viuda se sienta sanada. De esta manera, Dios me permite aliviar el dolor y la aflicción de otra persona. Las escucho llorar y camino junto a ellas en su viaje de duelo. Puede que otros eviten acercarse a quienes han enviudado porque no saben qué decir. Sin embargo, al tender la mano de todos modos, aprendemos cuándo hablar y cuándo guardar silencio; cuándo tomar su mano; y cuándo abrazarlos mientras sollozan. Como yo también he sufrido pérdidas, puedo caminar con ellos y aliviar sus heridas.

Puedo hacer todo esto con tierno y amoroso cuidado porque Dios me da fuerza, resistencia y coraje. También me da visión para ver cada paso con claridad. Cuando miro hacia atrás, no soy la misma persona que era hace veinte meses cuando murió Victorio. Con la ayuda de Dios, he aprendido a tomar decisiones y operar de forma independiente.

De la misma manera que recibí confort y consuelo, ahora he decidido que debo dar confort y consuelo a los que están afligidos. El propósito de mi vida no terminó cuando murió mi amado esposo. He entrado en una nueva etapa de la vida, y quiero vivirla al máximo, como lo he hecho en temporadas anteriores. Podría haberme quedado atrapada para siempre con la pregunta "¿por qué?". En cambio, decidí aceptar e incluso recibir con los brazos abiertos mi nueva normalidad mientras surgía una urgente necesidad de consolar a los demás. Mi propósito es mucho mayor que mi dolor.

Hebreos 10:24 nos anima a "motivarnos unos a otros a realizar actos de amor y buenas acciones". Espero que mi historia te inspire a encontrar tu propio propósito después de una pérdida.

Ejercicios de reflexión:

1. ¿Hay alguna pregunta de "por qué" que te impide encontrar tu propósito?

   _____
   _____
   _____
   _____
   _____
   _____
   _____
   _____
   _____
   _____

2. ¿Podrías pensar en al menos una persona que te haya animado intencionalmente?

   _____
   _____
   _____
   _____
   _____
   _____
   _____
   _____
   _____
   _____

3. ¿Hay alguien a quien puedas comunicarte con el consuelo que has recibido? Cuando lo hagas, Isaías 61:2b (NVI) se hará realidad: "El Señor me ha enviado a sanar los corazones heridos".

_____
_____
_____
_____
_____
_____
_____
_____
_____
_____
_____

4. ¿En qué aspectos has cambiado después de que cónyuge falleciera?

_____
_____
_____
_____
_____
_____
_____
_____
_____
_____

5. ¿Cuál crees que es tu propósito en esta nueva etapa de tu vida?

_____
_____
_____
_____
_____
_____
_____
_____
_____
_____
_____

Capítulo 8
Reconstruir
por Bruce McLeod

Jesús dijo: "En este mundo afrontarán aflicciones, pero ¡anímense! Yo he vencido al mundo" (Juan 16:33). Cuando perdí a Cheri, ciertamente "afronté una aflicción". Cuando ella murió, tuve todo menos paz. Todo en mi vida quedó destrozado, empezando por mi corazón.

Mis emociones eran intensas y extremadamente variadas. Iban desde la culpa y la vergüenza hasta el shock y la tristeza. Soporté temporadas de aullidos mudos como un animal, lo que me dejó confundido y exhausto.

Mi mente estaba fragmentada. No podía encontrarle sentido a nada. No podía captar el significado de más que una pequeña página impresa. Como lector voraz de cosas profundas, ¡me sentí extremadamente frustrado! Mi voluntad, mi "querer", como lo llamo, también se quebró. Simplemente no quería hacer mucho más que llorar y dormir.

Mi salud estaba destrozada. Mi sueño se vio interrumpido durante meses mientras ayudaba a Cheri a luchar contra el cáncer. Después, todo se me vino encima. La apnea del sueño, que no me había molestado durante años, volvió con fuerza. Sufrí múltiples lesiones por estrés repetitivo en varias partes de mi cuerpo. Sufrí dos ataques de intoxicación alimentaria que dejaron mi sistema digestivo devastado.

Todos mis patrones de vida cambiaron de la noche a la mañana. ¡Oh, cuánto anhelaba la paz! Necesitaba reconstruir toda mi vida, y necesitaba que el Señor me mostrara cómo hacerlo. Quería vivir el duelo de una manera saludable. Entonces, necesitaba entender cuál era mi pérdida. Él no sólo restauró mis niveles de paz, sino que los aumentó. Me llevó años lograrlo, pero ahora se encuentran en el punto más alto en el que han estado. El proceso continúa. Tuve que aprender a controlar mi impaciencia. Confío en Dios, como nunca antes, para hacer lo que sólo Él pudo hacer.

Procesar pérdidas secundarias fue una de las principales

formas en que Dios trabajó para traerme paz. Cualquier pérdida tiene múltiples niveles. Por ejemplo, mi principal pérdida en cuanto a Cheri fue perder a su persona, a quién era.

Mis pérdidas secundarias fueron todos los roles que desempeñó Cheri. En nuestra vida juntos, Cheri fue jardinera, decoradora de casas y mi mejor amiga. Ella era mi amante, mi socia comercial y directora financiera de nuestros negocios. Estoy seguro de que entiendes lo que intento decir. Durante mi primera vez en el programa de duelo, escribí mi propia "lista de roles perdidos". ¡Mi lista incluía cuarenta y cinco roles diferentes! ¡Cheri fue tanto para mí! Hoy en día, sólo queda un rol en la lista. Jesús y yo nos hemos ocupado del resto. Ya no me aflige. "Mi amante" es el único rol que me queda por llorar.

Procesar pérdidas secundarias ha facilitado enormemente mi sanación. Me ha ayudado a comprender quién soy ahora que Cheri se ha ido. El siguiente es el método que utilicé para superar mis pérdidas secundarias. Al compartir mi programa paso a paso, espero que tú también encuentres ayuda y sanación.

Tómatelo con calma, ya que es un esfuerzo enorme. Si lo intentas y te resulta doloroso, persevera. Las cosas irán mejorando. Podrías empezar haciéndolo con alguien de confianza. También puedes hacerlo por partes, poco a poco. Ten un diario que te ayude a realizar el seguimiento de tu progreso. Tu principal pérdida es la persona que era tu cónyuge. El nombre de Cheri significa "cariño". Eso es lo que ella era para mí: mi "cariño". Comienza tu diario describiendo quién era tu cónyuge para ti. Luego, enumera tus pérdidas secundarias. Estos son los roles que jugó tu cónyuge en su vida juntos. Son cosas que ella o él hizo, no la persona que fue. Escribe una pérdida como encabezado de cada página de tu diario. Luego, registra las impresiones que has tenido sobre cada pérdida con el paso del tiempo. Considera los roles que desempeñó tu cónyuge en estas áreas:

- Roles para ti, a un nivel personal (es decir, amante, quien te tomaba de la mano, tu compañero de citas nocturnas)
- Roles en tareas y responsabilidades (es decir, comprador, mecánico, contable, sostén familiar)
- Roles en el cuidado de niños o en la crianza de otros (es

decir, consolador, oyente, quien calendarizaba las fechas, anfitrión)
- Roles desempeñados en sus esperanzas y sueños para el futuro (es decir, compañero de viaje, principal compañero de juegos de su nieto, quien generaba las ideas)

La lista puede cambiar con el tiempo. Puedes agregar otras categorías según sea necesario. El Espíritu Santo te ayudará con esto. Él es muy bueno para impulsar el trabajo del duelo. Yo tenía hambre de Su ayuda, y mi corazón estaba completamente abierto a Él. Pude eliminar elementos a medida que progresaba. Agregué algunos también.

> *El siguiente paso es lamentar en voz alta cada pérdida secundaria ante Dios.*

El siguiente paso es lamentar en voz alta cada pérdida secundaria ante Dios.

- Utiliza tantas palabras y llora tantas lágrimas como sea posible.
- Cuando te hayas abierto completamente ante Dios, pídele su consuelo y consejo respecto a esa pérdida.
- Escúchalo y registra cualquier impresión que recibas de Él.
- Anota la fecha de todo lo que anotes.

Repite esta práctica periódicamente hasta que todas tus pérdidas hayan sanado. Al principio, tuve que repartir mis sesiones de duelo durante varios días. Me tomó horas revisar toda mi lista. Simplemente no pude hacerlo en un día. Esto fue agotador, así que no esperaba mucho de mí después. Podría cocinar, lavar la ropa, ir de compras o realizar otros trabajos ligeros.

Programé citas mensuales con Dios para mi proceso de duelo durante más de tres años. Ese fue el tiempo que le tomó a Jesús sanar cuarenta y cuatro pérdidas secundarias. Puede que te lleve más o menos que eso. Tómate el tiempo que necesites.

Un entorno hermoso, en el que me encontraba con Dios, también me ayudó a seguir adelante. La creación de Dios sana mi corazón. Encuentra un lugar que haga eso por ti, y reúnete con Dios allí.

Me gustaría compartir cómo eliminé algunas de mis pérdidas secundarias de mi lista:

- Director financiero: mientras lamentaba esta pérdida, recibí el siguiente consuelo del Señor: "Ya no necesitas un director financiero, Bruce. Sin Cheri, no eres dueño de ningún negocio". Luego, vino el consejo: "Táchalo de tu lista". Eso hice.
- Jardinero en jefe: este tardó varios meses en resolverse. En este caso, el consejo fue lo primero: "Contrata ayuda de jardinería. Planta hortalizas el año que viene, no ahora". Luego, vino el consuelo: "Cheri lo entendería. Recuerda que ella era viuda cuando la conociste. Táchalo de tu lista". Lo hice después de contratar a un paisajista.
- "La encantadora de bebés": Cheri podía consolar a casi cualquier bebé que llorara y que pronto se quedaría dormido en sus brazos. De nuevo, lo primero que vino fue el consejo: "No hay bebés en tu familia ni planes de tenerlos, Bruce. Ya no necesitas a La encantadora de bebés". Luego, vino el consuelo: "Cheri y yo te enseñamos a cuidar a los niños, Bruce. Ella te dio algo de su dulce corazón. Amas a tus hijos, nietos y a los niños del vecindario. Ellos lo saben, y te aman. Táchalo de tu lista". Eso hice.
- Socio de eventos: este tardó un poco en resolverse. Cheri y yo solíamos trabajar juntos para organizar cenas y pijamadas para nuestra familia. También presentamos seminarios de fin de semana y organizamos grupos semanales. Juntos, nos preparábamos, facilitábamos, informábamos y, luego, nos recuperábamos de estos eventos. Cada uno de nosotros tenía diferentes responsabilidades.

  Después de que Cheri falleciera, yo mismo seguí organizando algunos eventos. Durante un periodo de tres años, el Señor me llevó a hacerlo de manera diferente. Aprendí a distribuir la preparación de un evento en varios días. Organicé eventos que no requirieron cofacilitadores formados por marido y mujer. Dios me enseñó cómo informarle de mis acontecimientos. Me llevó a tomar más tiempo para la limpieza y la recuperación. Encontré una "nueva normalidad" para mis eventos. Taché "Socio de eventos" de la lista.

Ruego que estos ejemplos te alienten. Creo que Dios usó esta práctica para sanar mi corazón roto. Cumplió la promesa de las Escrituras citada al comienzo de la lección; en medio de grandes dificultades, Él me dio paz. Creo que Él también lo hará por ti.

Otra área que requirió reconstrucción fue la primera y segunda vez que experimenté días y fechas importantes. Debido a que Cheri falleció el 14 de diciembre, cada día 14 del mes se convirtió en una potencial emboscada de aflicción. Del mismo modo, nuestro aniversario, su cumpleaños y las muchas festividades que solíamos celebrar juntos podrían provocar dolor. En los primeros días de duelo, ir a la iglesia también podía ser un detonante para mí.

Estas son algunas de las cosas que aprendí a hacer para sobrellevar estos días emocionalmente intensos:

- Planifica con anticipación. Anticípate a los días importantes, y prepárate. Decide en qué actividades tradicionales participarás y en cuáles no. Ese primer año, no puse un árbol de Navidad. No salí a cenar para celebrar nuestro aniversario hasta el cuarto año después del fallecimiento de Cheri. Quería esperar hasta poder celebrar el impacto de Cheri en mi vida.
- Espera menos de ti mismo. En fechas importantes, busca formas de aligerar tu carga de trabajo. Podrías programar tener el día libre en el trabajo. Compra comida en lugar de cocinar. Permítete llorar. No intentes hacer todo lo que tú y tu cónyuge hacían juntos.
- Organízate de manera que tengas compañía. No pases todo el día solo. Visita o llama a un familiar o amigo comprensivo. Haz una reservación en un restaurante para ir a comer con alguien. Organízate para ir con tus amigos a la iglesia.
- Planifica tu escape. Cuando estés fuera de casa, ten lista una forma de irte con elegancia, en caso de que sea

necesario. Aprendí a preguntar a los anfitriones si podía llegar tarde e irme temprano. Solía sentarme cerca de una puerta de salida cuando iba a la iglesia. Siempre que sea posible, identifica un lugar en el edificio donde puedas estar solo durante unos minutos, en caso de que necesites un momento para respirar y sosegarte.

- **Identifica los efectos del shock emocional.** Los expertos en duelo nos dicen que enviudar nos adormece emocionalmente durante los primeros seis a nueve meses. Simplemente ya no sentimos o sentiremos tan profundamente como solíamos hacerlo. A medida que el efecto adormecedor desaparece, algunas personas pueden experimentar el dolor más profundamente durante el segundo año. Mi primera Navidad llegó apenas diez días después de la muerte de Cheri. La experiencia permanece borrosa. No recuerdo mucho al respecto. Cuando llegó la segunda Navidad, el adormecimiento había desaparecido. ¡Me sentí fatal! Me desmoroné. Lo mismo ocurrió con el día de San Valentín, Pascua, nuestro aniversario de bodas y el cumpleaños de Cheri. ¡El conocimiento es poder! Entonces, aprendí a anticiparme y prepararme para estas fechas importantes.

- **Mantén la guardia en alto.** Incluso después de implementar mi plan para fechas especiales, en ocasiones aún experimentaba emboscadas de dolor. Con bastante frecuencia, mi plan para estos días funcionó. Sin embargo, no estaba preparado para los ataques de dolor que se produjeron antes o después de la fecha especial. A esto último lo llamo "el efecto de la desilusión". El miedo irracional a veces me provocaba ansiedad antes del día especial. Todas estas son experiencias de duelo normales.

A medida que he implementado estas prácticas, he sentido más paz. Las fiestas y los aniversarios vuelven a convertirse en celebraciones en lugar de terrores. Las lágrimas de alegría por la vida que Cheri y yo compartimos han reemplazado las lágrimas de dolor y tristeza.

Espero que estas herramientas te ayuden. Nuestra anterior vida se ha ido. Nunca volverá. Sin embargo, junto con Dios, nuestro Creador, podemos construir una vida nueva grande y dichosa. Él promete hacer más en cada uno de nosotros de lo que podemos pedir o incluso imaginar.

1 Pedro 5:6-11 (NVI) dice:

Humíllense, pues, bajo la poderosa mano de Dios para que él los exalte a su debido tiempo. Depositen en él toda ansiedad, porque él cuida de ustedes. Practiquen el dominio propio y manténganse alerta. Su enemigo el diablo ronda como león rugiente, buscando a quién devorar. Resístanlo, manteniéndose firmes en la fe, sabiendo que los creyentes en todo el mundo soportan la misma clase de sufrimientos. Luego de que ustedes hayan sufrido un poco de tiempo, Dios mismo, el Dios de toda gracia que los llamó a su gloria eterna en Cristo, los restaurará y los hará fuertes, firmes y estables. A él sea el poder por los siglos de los siglos.

Ejercicios de reflexión:

1. ¿Cuáles son algunas de las pérdidas secundarias que has experimentado?

_____
_____
_____
_____
_____
_____
_____
_____

2. ¿Cómo podría ser para ti el procesar las pérdidas secundarias? ¿Dónde lo harías? ¿Cuándo y con qué frecuencia?

_____
_____
_____
_____
_____
_____
_____
_____
_____
_____

3. ¿Cuáles son algunas "primicias" y aniversarios que podrían resultarte difíciles? Escribe una lista.

_____
_____
_____
_____
_____
_____
_____
_____
_____
_____

4. ¿Cómo superarás esos días cargados de emociones? ¿Cuál de las sugerencias ofrecidas en el capítulo quieres probar?

_____
_____
_____
_____
_____
_____
_____
_____
_____
_____

Capítulo 9
Seguir adelante
por Linda Smith, BS

Después de treinta y siete años de matrimonio, de repente me encontré soltera. Aunque Kirby había estado enfermo durante varios años, las secuelas de su fallecimiento me sacudieron. Necesitaba que Dios me dijera cómo navegar este nuevo estilo de vida en solitario. Cuando Kirby y yo nos casamos, sabía sus colores favoritos, cómo terminar algunas de sus frases o dónde le gustaría pasar una tarde soleada de verano. Necesitaba conocer a Dios de la misma manera: Su voz, Sus propósitos y Sus acciones. Necesitaba conocer a Aquel que es el Camino, la Verdad y la Vida (Juan 14:6).

Cuando Kirby murió, ya no podía depender de él para que me cuidara o buscara a Dios por mí. Tuve que aprender a buscarlo por mí mismo y a cuidarme espiritualmente. Al principio, esto parecía una tarea desalentadora, demasiado difícil de entender. Pero necesitaba descubrir lo que Dios tenía pensado para mí.

De repente, me encontré en un nuevo capítulo de mi vida, pero la Palabra de Dios me aseguró: "No me escogieron ustedes a mí, sino que yo los escogí a ustedes y los comisioné para que vayan y den fruto, un fruto que perdure" (Juan 15:16). Todavía tenía un propósito para vivir. Yo era la hija amada y elegida de Dios. Confié en mi Padre celestial y en Su plan para mí.

Le escribí a Jesús una carta:

> Te adoro. Ayúdame a tomar decisiones que te honren y glorifiquen, decisiones que me acerquen a Ti. Te amo. Te adoro. Quiero vivir el resto de mi vida en completa entrega a Ti. Ruego tener siempre oídos atentos y un corazón dispuesto. Guíame y encamíname cada día, te lo ruego.
> Gracias, Jesús.
> Con cariño,
> Linda

Años antes, en otro momento de crisis, Dios había aliviado

mis temores con la siguiente Escritura. Después de la muerte de Kirby, me aferré a ella con todo mi ser:

> Su divino poder, al darnos el conocimiento de aquel que nos llamó por su propia gloria y excelencia, nos ha concedido todas las cosas que necesitamos para vivir con devoción. Así Dios nos ha entregado sus preciosas y magníficas promesas para que ustedes, luego de escapar de la corrupción que hay en el mundo debido a los malos deseos, lleguen a tener parte en la naturaleza divina. Precisamente por eso, esfuércense por añadir a su fe, virtud; a su virtud, conocimiento; al conocimiento, dominio propio; al dominio propio, constancia; a la constancia, devoción a Dios; a la devoción a Dios, afecto fraternal; y al afecto fraternal, amor. Porque estas cualidades, si abundan en ustedes, los harán crecer en el conocimiento de nuestro Señor Jesucristo y evitarán que sean inútiles e improductivos (2 Pedro 1:3-8).

Me preguntaba cuáles eran esas grandes y preciosas promesas, así que comencé a buscar en mi Biblia.

- Salmos 23 dice que me conduce; me infunde nuevas fuerzas. Me guía por sendas de justicia haciendo honor a su nombre. Aun si voy por el valle de sombra de muerte. La bondad y el amor me seguirán. Él me unge y me protege. ¡Qué maravillosas promesas!
- Filipenses 2:13: "pues Dios es quien produce en ustedes tanto el querer como el hacer para que se cumpla su buena voluntad". ¡Él está dispuesto a mostrarme Sus propósitos!
- Filipenses 4:7 nos promete: "Y la paz de Dios, que sobrepasa todo entendimiento, cuidará sus corazones y sus pensamientos en Cristo Jesús". ¡Oh, cuánto quería eso! El versículo 6 nos dice cómo conseguirlo. "No se preocupen por nada; más bien, en toda ocasión, con oración y ruego, presenten sus peticiones a Dios y denle gracias".
- Mateo 6:33-34 dice esto acerca de la preocupación: "Más bien, busquen primeramente el reino de Dios y su justicia, entonces todas estas cosas les serán añadidas. Por lo

tanto, no se preocupen por el mañana, el cual tendrá sus propios afanes. Cada día tiene ya sus problemas".

Cada día parecía una montaña demasiado alta como para escalarla, pero estas promesas me brindaron gran consuelo… ¡y desafíos! Parecía que yo también tenía que poner de mi parte. Oré. Me sentía muy cansada y triste, pero al considerar 2 Pedro 1: 8, me asustó la idea de ser "inútil e improductiva". No quería esas palabras en mi obituario. Quería que me describiera como un "siervo bueno y fiel" (Mateo 25:23). Mientras oraba sobre el "cómo" y el "qué" de mi futuro, Dios me habló. Él dijo: "Linda, te quedan treinta años de vida. Eso es mucho tiempo. ¡No los desperdicies!".

¡Treinta años sería mucho tiempo para sentarme en mi mecedora, jugar sudoku y sentirme triste por ser viuda! Una rebelión contra el enemigo de mi alma surgió dentro de mí. Todavía no sabía "cómo" ni "qué", pero no iba a desperdiciar el resto de mi vida.

> *Todavía tenía un propósito para vivir. Yo era la hija amada y elegida de Dios. Confié en mi Padre celestial y en Su plan para mí.*

Al principio no hice grandes cambios. Estaba demasiado agotada por mi pérdida y las nuevas responsabilidades que conllevaba. Seguí yendo a trabajar, adorando con mi familia de la iglesia y viviendo en la misma casa. Busqué una comunicación más estrecha con Dios. Ahora era mi Esposo: mi Protector, Proveedor, Líder y Guía. Cuatro semanas después de la muerte de Kirby, tuve que someterme a una cirugía a corazón abierto. Mis padres vinieron a cuidarme física, mental y espiritualmente (también habían estado conmigo cuando Kirby murió). Esto me proporcionó tiempo libre en el trabajo y tiempo para buscar al Señor.

Mientras reflexionaba sobre mi nuevo compromiso con Dios, me encontré con esto en "Knowing and Doing the Will of God" (¿Cómo conocer y hacer la voluntad de Dios?) de Henry Blackaby (Blackaby, p. 12):

- Dígale a Dios que Él es digno de toda confianza.

- Prométale seguirlo un día a la vez.
- Dígale que lo seguirá aun cuando no le revele todos los detalles.
- Dígale que dejará que Él sea el camino. [5]

De manera lenta pero segura, el plan de Dios comenzó a surgir. Él me estaba preparando para vivir a Su manera. Empecé a pensar en mi casa y en lo viable que sería para mí quedarme allí. Intenté alquilar habitaciones, pero decidí que prefería vivir sola.

Comencé a darme cuenta de cuánto tiempo, energía y dinero requería el mantenimiento de mi casa. Contraté ayuda para cortar el pasto, pintar la casa, quitar el seto, instalar una valla, etc. Yo misma hice gran parte del trabajo. Después de sufrir una lesión en la rodilla, descubrí con qué frecuencia estaba acostumbrada a subir y bajar escaleras corriendo. Llegué a la conclusión de que no podía envejecer en esta casa. Dios me estaba preparando para el cambio.

Las circunstancias en el trabajo me hacían querer jubilarme. Pensé que los sesenta y cinco años sería una buena edad para retirarme, pero ya estaban ocurriendo demasiadas transiciones en el trabajo. Otra persona en mi oficina se iba, entonces, seguí orando y pensando en cuándo me jubilaría. Confié en que Dios elegiría el momento adecuado para mí.

En su libro, Blackaby dice que Dios nos habla de varias maneras:

1. Dios habla a través de la Biblia.
   - Salmos 119:105: "Tu palabra es una lámpara a mis pies; es una luz en mi sendero".
   - Salmos 19:7-8: "La Ley del Señor es perfecta: infunde nuevo aliento. El mandato del Señor es digno de confianza: da sabiduría al sencillo. Los preceptos del Señor son rectos: traen alegría al corazón. El mandamiento del Señor es claro: da luz a los ojos".

   ¡La Biblia está llena de consejos para nuestra vida diaria y para problemas específicos!

---

[5] Experiencing God, Knowing and Doing the Will of God (Mi experiencia con Dios, ¿Cómo hacer la voluntad de Dios?), Henry T. Blackaby y Claude V. King, Lifeway Press, Nashville, TN, 1997, p. 12.

2. Dios habla a través del Espíritu Santo, el Espíritu de Verdad.
   - Juan 14:16: "Y yo pediré al Padre y él les dará otro Consolador para que los acompañe siempre: el Espíritu de verdad".

   La relación con Dios activa la obra del Espíritu Santo en nuestras vidas.

3. Dios habla a través de la oración.
   - Romanos 8:26-27: "Así mismo, en nuestra debilidad el Espíritu acude a ayudarnos. No sabemos qué pedir, pero el Espíritu mismo intercede por nosotros con gemidos que no pueden expresarse con palabras. Y Dios, que examina los corazones, sabe cuál es la intención del Espíritu, porque el Espíritu intercede por los creyentes conforme a la voluntad de Dios".

   La intimidad con Dios lleva a mirar, esperar y pedirle a Dios que actúe.

4. Dios obra a través de tus circunstancias.
   - En Juan 6:1-15, Felipe sólo pudo ver a cinco mil hombres hambrientos con sus familias y a un niño con cinco panes y dos peces. Pero Jesús pudo ver la amplia provisión de Dios para la multitud, ¡con las sobras!

   ¡La perspectiva de Dios es diferente a la nuestra porque Él ve el panorama completo!

5. Dios obra a través de Su Iglesia.
   - 1 Corintios 12:25: "… a fin de que no haya división en el cuerpo, sino que sus miembros se preocupen por igual unos por otros".
   - Efesios 4:15-16: "Más bien, al vivir la verdad con amor, creceremos hasta ser en todo como aquel que es la cabeza, es decir, Cristo. Por su acción todo el cuerpo crece y se edifica en amor, sostenido y ajustado por todos los ligamentos, según la actividad propia de cada miembro".

   Su Cuerpo tiene personas que pueden darnos consejos santos y sabios, si se los pedimos. Mantente conectado con el pueblo de Dios. Dios podría hablarte a través de él.[6]

   ---
   6   Experiencing God, Knowing and Doing the Will of God (Mi experiencia con Dios, ¿Cómo hacer la voluntad de Dios?), Henry T. Blackaby y Claude V. King, Lifeway

Un viernes por la tarde, mientras contemplaba si vender o no mi casa, pedí a mis invitados que oraran conmigo. Los cuatro asistíamos a la misma iglesia, y a ellos les importó mucho mi decisión. A la mañana siguiente, mi devocional decía esto: "Cuando no te dé ninguna orientación especial, quédate donde estás. Concéntrate en realizar tus tareas cotidianas siendo consciente de Mi presencia contigo. Así, me invitas a cada aspecto de tu vida" (Jesus Calling, Jesús Te Llama, Sarah Young, p. 108). [7]

Esa fue claramente una respuesta a nuestras oraciones. Entonces esperé, escuché, observé y me pregunté. Dios me estaba preparando para el cambio, pero todavía no llegaba el momento.

Evalué mis posesiones y decidí que no quería pasar mi jubilación ocupándome de todas esas cosas. ¡Seguramente Dios debe tener algo mejor para mí! Necesitaba reducir el tamaño y simplificar. Primero comencé a ocuparme de las cosas importantes. Le regalé el auto de Kirby a mi hija y a mi yerno. Con la ayuda de un abogado, disolví el negocio familiar de Kirby y comencé a regalar muebles y equipos de oficina. Tenía años años de papeleo en nuestro sótano que necesitaba destruir.

Luego, tuve que ocuparme de su ropa. A Kirby no le importaba mucho la moda, ¡así que tiré algunas de sus prendas a la basura con alegría! Decidí conservar algunas de sus prendas, al menos por un tiempo.

Invité a mi hijo y a mi hija a venir y tomar lo que quisieran de las posesiones de su padre.

Cuando comencé a reducir nuestras pertenencias, me hice varias preguntas:

1. ¿Cuándo usé esto por última vez?
2. ¿Qué tan pronto podría volver a usarlo?
3. ¿Sería difícil reemplazar este artículo si lo necesitara después?
4. ¿Tiene valor sentimental?

Press, Nashville, TN, 1997, p. 12.
7   Jesus Calling, Enjoying Peace in His Presence, Jesús Te Llama, Encuentra paz en su presencia, Sarah Young, Thomas Nelson, Nashville, TN, 2012, p. 108

5. ¿Puedo tomarle una foto en lugar de conservarlo?

Habíamos vivido en esta casa durante veintinueve años y en la de al lado durante trece años. Puedes imaginar que tenía mucho trabajo que hacer, y Dios me dio tiempo para hacerlo.

Mientras continuaba orando sobre cuándo vender mi casa, vencieron los impuestos inmobiliarios. Cada año, los impuestos habían aumentado a un ritmo alarmante. Mientras hacía los cálculos y proyectaba hacia el futuro, llegué a la conclusión de que no podía permitirme retirarme y vivir en esta casa. Este fue un momento crucial. Estaba rezando. Dios estaba hablando.

Le dije a mi familia y a algunas otras personas que estaba planeando vender mi casa. Luego vinieron las preguntas: "¿Vender cuándo?". "¿Vivir donde?". "¿En una casa o en un departamento?". "¿Rentar o comprar?".

Comencé a reducir mis preferencias. Hice listas de pros y contras. Recé y recé. Decidí que quería comprar un departamento cerca de la casa de mi hija y de mi iglesia. Recuerdo haberle preguntado a Dios cómo empezar a buscar un nuevo hogar. Me sentí abrumada, pero oré.

Un día, mi hija me dijo que la amiga de su suegra estaba planeando vender su departamento, el cual se encontraba cerca. Le pedí a mi hija que me diera su número de teléfono. Esa semana, su amiga me invitó a ir a ver su departamento, que estaba a sólo cinco millas de la casa de mi hija y a una milla y media de mi iglesia. Me sentí como en casa en el momento en que entré por la puerta. ¡Estaba en el último piso, era muy privado y el espacio estaba distribuido justo como yo lo habría diseñado!

Me pidió que firmara una carta de intención para comprar su departamento. Luego, El Señor me ayudó a financiar la compra del departamento y contratar a un pintor.

También contraté a un ayudante para vender y regalar mis cosas. Estaba haciendo maletas y reduciendo mis pertenencias frenéticamente. Una compañera de trabajo me recomendó una empresa de mudanzas que había contratado seis veces, así que los contraté para que trasladaran mis cosas. Para entonces, me sentía como una mujer de Proverbios 31: "Decidida se ciñe la cintura, pues sus brazos están fuertes para el trabajo" (v. 17). Efectivamente, Dios me estaba dando todo lo que necesitaba para avanzar en Sus planes para mí.

Todavía necesitaba vender mi casa en Seattle, pero sabía que Dios también estaría conmigo en esa tarea. Fue más fácil preparar mi casa para la venta porque ya había retirado mis pertenencias. Dios me dio fuerzas, y mis amigos me ayudaron a preparar mi casa.

Mi agente de bienes raíces reclutó a alguien para montarla. Pensé que el precio de venta era demasiado bajo, pero sentí a Dios decirme que no me quejara. ¡Oré y me alegro de haberlo hecho! El comprador pagó un 13.5% por encima del precio de venta. ¡Ese también debe haber sido el plan de Dios!

Dios sigue dándome todo lo que necesito para vivir una vida piadosa, a través de mi conocimiento de Él, tal como lo prometió. Sigo hablando con Él a lo largo del camino, y Él sigue mostrándome qué hacer. Estoy seguro de que si buscas a Dios y Sus propósitos primero, Él también te dará todo lo que necesitas. "No me escogieron ustedes a mí, sino que yo los escogí a ustedes y los comisioné para que vayan y den fruto, un fruto que perdure" (Juan 15:16). ¡Él cumple sus promesas!

Ahora que me había instalado en mi nuevo hogar, era el momento perfecto para jubilarme. Le dije a mi jefe que planeaba jubilarme cuando cumpliera sesenta y seis años. ¡Y así lo hice! Ese también fue el momento perfecto: el momento de Dios.

Ejercicios de reflexión:

1. ¿Has resuelto estos temas en tu corazón? Reflexiona los siguientes planteamientos:
   - ¿Estás de acuerdo en que Dios es absolutamente digno de tu confianza?
   - ¿Estás de acuerdo con Dios en que le seguirás día a día?
   - ¿Estás de acuerdo en que le seguirás incluso cuando no te explique todos los detalles?
   - ¿Estás de acuerdo en que dejarás que Él sea tu CAMINO?

   _____
   _____
   _____
   _____
   _____
   _____
   _____
   _____
   _____
   _____

2. ¿Cuáles de las promesas de Dios te son más significativas?

   _____
   _____
   _____
   _____
   _____

3. ¿Cómo te habla Dios sobre tu vida diaria y tus decisiones?

4. Si te sientes cómodo con ello, tómate unos minutos para escribir una carta de amor a Jesús.

_____
_____
_____
_____
_____
_____
_____
_____
_____
_____
_____
_____

Capítulo 10
Duelo complicado
por Mary Beth Woll. MA, LMHC

Escribir este capítulo ha sido un desafío para mí. Requirió hacer un profundo análisis de conciencia. Fui terapeuta durante dieciséis años. Había caminado con el Señor toda mi vida. Fui educada según la Palabra de Dios. Tenía vínculos positivos con familiares y amigos. Mi vida era extraordinariamente rica y bendecida. Y, sin embargo, yo también sufrí un dolor complicado después de la pérdida de mi esposo Bob.

Aquellos de ustedes que han perdido a su cónyuge quizás se pregunten: "¿Acaso no todo duelo es complicado?".

Sí, en cierto sentido, todo duelo es complicado y muy confuso. Al comienzo del proceso de duelo, es probable que experimentemos incredulidad, adormecimiento, angustia (a veces, incluso, pensamientos suicidas pasajeros) mientras anhelamos estar con nuestro ser querido.

Y, entonces, comienza la desorganización. También podemos experimentar síntomas en nuestro cuerpo, alma y espíritu, como tristeza desesperada, soledad y ansiedad. Todos estos son síntomas de una experiencia de duelo normal.

En su libro "A Grief Observed" (Una pena en observación), C. S. Lewis escribió:

Nunca me habían dicho que la aflicción podía parecerse tanto al miedo. No es que sienta temor, pero la sensación es la misma: el estómago revuelto, la misma inquietud —hasta los bostezos. Me la paso tragando saliva. De a ratos me siento como si estuviese levemente borracho o como si me hubieran golpeado. Entre el mundo y yo se interpone algo así como una manta invisible. Se me hace difícil entender lo que se me dice. O tal vez resulte que no quiero entenderlo. Es tan poco interesante. Y sin embargo encuentro que necesito compañía. Me aterran los momentos en que la casa queda vacía. Con tal de que los demás hablen entre ellos y no se dirijan a mí.

Yo tampoco sabía que la aflicción se sintiera como miedo. Fui fuerte por Bob cuando estuvo en el hospital. A excepción de momentos breves, estuve con él hasta el momento de su muerte. Sin embargo, cuando entré en la fase de shock y luego en la de desorganización del duelo, experimenté síntomas físicos tremendos, junto con una ansiedad debilitante. Así como mi médico explicó, ¡mi cuerpo respondía al trauma como si estuviera huyendo de un oso!

Pasé por las típicas etapas de conmoción y negación, ira, negociación, depresión y, finalmente, aceptación. Sin embargo, debido al trauma de la muerte de Bob y a mi enfermedad temporal como resultado de cuidar a alguien, estuve en un estado disfuncional durante seis meses. Sólo gracias a un milagro de Dios y la ayuda de familiares y amigos no quedé atrapada en un duelo complicado. Me apoyé mucho en el Señor y experimenté lo que dice en Salmos 34:18: "Cercano está el Señor a los quebrantados de corazón, y salva a los abatidos de espíritu".

> *El duelo complicado es cuando, en el proceso de dejar ir lo que ya no podemos conservar, nos quedamos estancados en el duelo y no podemos avanzar a través de las distintas etapas.*

En cierto sentido, cada pérdida es traumática porque estamos privados de nuestro ser querido. Según el Diccionario Merriam-Webster, la palabra duelo proviene de una antigua palabra en inglés que significa "robar". Entonces, si un proceso de duelo típico es doloroso, confuso y complejo, ¿qué es el duelo complicado?

El duelo complicado es cuando, en el proceso de dejar ir lo que ya no podemos conservar, nos quedamos estancados en el duelo y no podemos avanzar.

Por lo general, después de superar el shock y la desorganización, somos capaces de gradualmente aceptar la realidad de nuestra pérdida y organizarnos para tener una nueva vida sin nuestro ser querido. Necesitamos ser pacientes con nosotros mismos durante este momento doloroso. Comenzamos a cultivar conexiones con familiares y amigos que llenan el vacío de esa relación primaria. Incluso podemos optar por volvernos a casar. Todas estas cosas son una parte normal del duelo. Sin embargo, si una persona no puede hacer al menos algún avance dentro del año siguiente a la muerte de su ser querido, es posible que esté experimentando un duelo complicado.

Los síntomas del duelo complicado pueden incluir lo siguiente:

- Tristeza intensa, dolor y reflexión sobre la pérdida del ser querido
- Pensar, en su mayoría, en la muerte del ser querido
- Centrarse desmedidamente en aquello que te recuerda al ser querido, o evitarlos excesivamente
- Anhelo o añoranza intenso o persistente por el difunto
- Problemas al aceptar la muerte
- Adormecimiento emocional o desapego
- Amargura por la pérdida
- Sentir que la vida no tiene significado ni propósito
- Falta de confianza en los demás
- Incapacidad de disfrutar la vida o recordar experiencias positivas con el ser querido[8]

Durante los primeros meses tras la pérdida de un ser querido, todos podemos experimentar estos síntomas. Dios diseñó el proceso de duelo para permitirnos dejar atrás gradualmente el pasado, y estos síntomas comienzan a desaparecer con el tiempo.

Sin embargo, a veces, en el caso de un duelo complicado, estos síntomas persisten o incluso empeoran. El duelo complicado es como estar en un estado de luto intenso y continuo. Al igual que arrancar repetidamente una costra de una herida, evita que la persona sane.

Los aspectos sociales del duelo complicado incluyen lo siguiente:

- Problemas para llevar a cabo nuestras rutinas cotidianas
- Aislarse de los demás y alejarse de la actividad social

---

8 (mayoclinic.org, 08/10/21, 9:28 p. m.) https://www.mayoclinic.org/diseases-conditions/complicated-grief/symptoms-causes/syc-20360374

- Experimentar depresión, tristeza profunda, culpa o culparse a uno mismo
- Creer que pudimos haber hecho algo mal o haber podido evitar la muerte
- Sentir que no vale la pena vivir la vida sin nuestro ser querido
- Sentir que desearíamos haber muerto con nuestro ser querido (Mayo Clinic, 2021)

Según Mayo Clinic, el duelo complicado ocurre con mayor frecuencia en mujeres y en personas de mayor edad. Los factores de riesgo que aumentan la posibilidad de desarrollar un duelo complicado pueden incluir lo siguiente:

- Una muerte inesperada o violenta, como la muerte por un accidente automovilístico o el asesinato o suicidio de un ser querido
- Haber tenido una relación cercana o de dependencia con la persona fallecida
- Aislamiento social o pérdida de un sistema de apoyo o amistades
- Antecedentes de depresión, ansiedad por separación o trastorno de estrés postraumático (TEPT)
- Experiencias traumáticas durante la infancia, como abuso o negligencia
- Otros factores estresantes importantes de la vida, como dificultades financieras importantes
- Múltiples pérdidas
- Ser testigo de la pérdida o no estar presente cuando ocurrió la pérdida
- Pérdidas por errores médicos o negligencia de los cuidadores
- Una predisposición genética a la depresión o la ansiedad
- Una historia de abuso de sustancias (Mayo Clinic, 2021)

El tratamiento para el duelo complicado puede incluir lo siguiente:

- Compartir: compartir tu dolor y permitirte llorar

también puede ayudarte a evitar quedarte atrapado en tu tristeza. En la mayoría de los casos, tu dolor comenzará a desaparecer a medida que te permitas sentirlo y hablar de ello.

- Apoyo: tus familiares, amigos, grupos de apoyo social y tu comunidad religiosa son buenas opciones que te ayudarán a superar tu dolor. Es posible que puedas encontrar un grupo de apoyo, como The Widows Project, que se centre específicamente en la pérdida de un cónyuge.

- Consejería de duelo: a través del asesoramiento temprano después de una pérdida, puedes explorar tus emociones y aprender habilidades de afrontamiento saludables. Esto puede ayudar a evitar que los pensamientos y creencias negativos adquieran tal fortaleza que sean difíciles de superar.

En The Widows Project, hemos descubierto que las personas necesitan contar su historia, generalmente, una y otra vez. A medida que contamos nuestra historia a Dios y a personas que nos hacen sentir seguros, el trauma, como si fuera pintura negra en una acuarela, comienza a mezclarse con el lienzo de nuestras vidas como una parte fundamental de la persona en la que nos estamos convirtiendo.

Quienes hemos perdido a un cónyuge entendemos la necesidad de contar varias veces nuestra historia de duelo. Sin embargo, otros que no han sufrido una pérdida similar pueden instarnos a "dejar de hablar y seguir adelante". Esta actitud no es para beneficio de la persona en duelo, sino para aliviar el malestar del oyente que no comprende el proceso de duelo. De hecho, ¡es exactamente lo contrario! A medida que contamos nuestra historia a personas que nos hacen sentir seguros, nuestros cerebros comienzan a sanar. Podemos empezar a decirnos a nosotros mismos: "ese trauma no está sucediendo ahora. Estoy a salvo ahora. Mi ser amado está a salvo en los brazos de Jesús. Ahora puedo empezar a tomar medidas para seguir adelante".

El asesoramiento sobre el duelo puede adoptar muchas formas, pero el objetivo es resolver el evento o trauma que lo complica, de manera que la persona en duelo pueda avanzar hacia la aceptación de su pérdida. Entonces, podrá empezar a construir una nueva vida sin su ser querido.

Algunas personas dicen: "El tiempo cura todas las heridas". Este no es el caso al vivir un duelo complicado. Como afirma Henry Cloud en su libro "Changes that Heal" (Cambios que sanan), sólo el "buen momento" sana. "El buen momento es el momento en el que nosotros y nuestras experiencias podemos ser afectados por la gracia y la verdad. La gracia y la verdad no pueden afectar la parte de nosotros mismos que no traemos a la experiencia". [9]

Con el tiempo, podemos crecer y sanar de un duelo complicado si somos capaces de:

- Contar nuestra historia,
- recibir apoyo como la gracia y la verdad de Dios y del Cuerpo de Cristo y, si es necesario,
- buscar asesoramiento.

El duelo complicado tiene muchas causas y síntomas. En ocasiones, la persona que experimenta estos síntomas no es consciente de que su duelo se ha complicado. Es importante que sus familiares y amigos reconozcan que no están pasando por las etapas típicas del duelo. Es posible que necesiten ayuda para obtener la ayuda que necesitan.

---

9   Changes that Heal (Cambios que sanan), Dr. Henry Cloud, Zondervan Publishing House, Grand Rapids, MI, 1992, p. 37

Ejercicios de reflexión

1. C. S. Lewis describió una especie de manta invisible entre el mundo y él mismo. ¿Experimentaste algo así?

2. ¿De qué manera el duelo puede parecer miedo?

3. Un año después de su pérdida, algunas personas pueden sentir constantemente un dolor tan agudo como lo sintieron el día en que murió su cónyuge. Este es un duelo complicado. ¿Te ha ocurrido esto a ti o a alguien que conozcas?

Capítulo 11
Paternidad viuda: consejos para ser padres después de una pérdida
por Lisa C. Greene, MA, CFLE

Uno nunca puede estar preparado para las palabras: "Lo siento, pero su marido ha fallecido". Esa ciertamente fue mi experiencia cuando mi esposo murió inesperadamente de un ataque cardíaco. La conmoción, el adormecimiento emocional y la eventual avalancha de emociones se sintieron como una montaña rusa. En un momento, era un zombi andante, incapaz de recordar incluso las cosas más simples, como cómo llegar al supermercado. Al minuto siguiente, me estaba deteniendo a un lado de la carretera debido a un torrente incontrolable de lágrimas que me invadía. Como ya has leído en capítulos anteriores, esto es normal.

El versículo más corto de la Biblia es "Jesús lloró" (Juan 11:35). Incluso Jesús se entristeció cuando murió su querido amigo Lázaro. ¡Imagínatelo! El Señor de la vida y de la muerte lloró por la pérdida terrenal de su amigo y por el dolor y sufrimiento de otros a su alrededor. Como Jesús, mientras lloras por ti mismo y por tu propia pérdida, también estás afligido por tus hijos. Tus hijos también están de luto. Sin embargo, su dolor puede parecer diferente al tuyo. Esto también es normal.

Mi hijo y mi hija tenían dieciséis y catorce cuando mi esposo falleció repentinamente. Recuerdo que me sorprendió mucho su insistencia en ir a la escuela al día siguiente. Estaba en shock, y apenas podía actuar. Pensé que ellos sentirían lo mismo. Sin embargo, tenía mucho que aprender sobre cómo los niños procesan el duelo de manera diferente que los adultos. Estas son algunas de las cosas que he aprendido a lo largo de los años desde que falleció mi esposo:

1. Lo primero, lo más importante y, a veces, lo más difícil es cuidarse bien. Ahora estás haciendo el trabajo de dos personas en todos los aspectos de la vida, incluida la paternidad. Reserva tiempo para ti, aunque sea cinco minutos al día, para no correr el riesgo de sufrir problemas de salud, como depresión y ansiedad. Cuidarse

a uno mismo es un buen ejemplo para tus hijos. Estás modelando el autocuidado. Así que tómate un momento libre de culpa para ti. ¡Lo necesitas! ¡Te lo mereces!

2. Los niños procesan la pérdida de manera muy diferente a cómo lo hacen los adultos. Es posible que lloren, se enojen o se aíslen. Sin embargo, también es normal que no parezcan afectados y quieran volver a sus vidas. Incluso pueden bromear de maneras que puede parecer inapropiadas. Cada niño es diferente, y procesará su duelo en función de su personalidad, experiencias de vida, pérdidas anteriores e influencias culturales. Dicho esto, es importante ofrecerle a tu hijo oportunidades para llorar activamente. He aquí un par de consejos:

- Sé honesto con tus hijos en cuanto a las circunstancias del fallecimiento de tu cónyuge. Es comprensible que los adultos quieran intentar proteger a los niños de las duras realidades. El problema es que los niños perciben mucho más de lo que creemos. Si bien es posible que no puedan manejar todos los detalles médicos, es importante decirles la verdad. También necesitan que les asegures que estarás bien, que ellos estarán bien y que todo estará bien.

  La mayoría de los expertos en duelo sugieren que es apropiado que los niños asistan a servicios conmemorativos. Sin embargo, ver un cuerpo en un ataúd puede no ser apropiado para niños pequeños. Se les puede dar la opción de asistir a un funeral, entierro o velorio; sin embargo, no se les debe obligar a ir. Discute esto con tus hijos para comprender y abordar sus miedos.

- Busca recursos grupales, como campamentos para niños que sufren pérdidas. Es importante que tus hijos vean que no son los únicos que han perdido a un ser querido. También necesitan el apoyo de adultos capacitados. Es posible que tus hijos se resistan, pero trata de motivarlos para que asistan a esos grupos desde una temprana edad. Es más difícil cuando son mayores y ha pasado más tiempo.

- Busca adultos, como maestros, entrenadores y amigos de la iglesia, que también perdieron a uno de sus padres a una edad temprana. Conectarse con ellos puede brindar un gran apoyo a tus hijos.

    Sin embargo, asegúrate de que estos adultos sean personas confiables. Educa a tus hijos en torno al comportamiento inapropiado y asegúrales que pueden hablar contigo si se sienten incómodos con un adulto en particular.

- Si buscas asesoría para tus hijos menores de doce años, busca a alguien que se especialice en terapia de juego. La psicoterapia no suele ser eficaz en niños más pequeños que "hablan" mediante juegos, no mediante palabras.

    Tus hijos adolescentes pueden resistirse mucho a la terapia e incluso negarse a hablar. Tu trabajo como padre es llevarlos allí; es trabajo del terapeuta conectar con ellos. Busca a un terapeuta que tenga experiencia en ayudar a los adolescentes a superar el duelo. La terapia asistida por animales también puede ser muy eficaz para llegar tanto a niños como a adolescentes.

- Provee muchas oportunidades para que tus hijos pequeños expresen sus sentimientos a través del juego. Las investigaciones muestran que la concentración activa de un niño mejora cuando juega con un adulto. Entonces, juega con ellos usando arcilla, arte, imágenes, dibujos, casas de muñecas, figuras de acción, juguetes médicos o títeres para los dedos.

    Los niños procesarán sus emociones a través del juego dramático. No te preocupes si empiezan a representar la muerte de su padre o madre. Por ejemplo, puede parecer morboso si el muñeco del niño mata al médico y salva al papá. Este tipo de juego dramático es normal. No los regañes o desanimes. Simplemente sé curioso e interésate por entenderlos. "¿Que está sucediendo aquí? Cuéntame qué pasa después. ¿Hay un final feliz?".

Refleja suavemente las emociones de tu hijo. Si está triste, abrázalo y bríndale empatía. Si está enojado, dale la razón. "¡Es horrible que mamá haya muerto! El cáncer ERA algo muy, muy malo".

- Ofrece a tus hijos mayores materiales de arte, diarios o clases de música, deportes y baile. Necesitan tu aliento para participar en nuevos medios y oportunidades a través de los cuales puedan expresar sus emociones.
- Debes estar atento a las señales de advertencia en el comportamiento de tus hijos, como aislarse de la vida normal, alejar a sus amigos o comenzar a actuar de manera diferente. Esto indica que necesitan ayuda. Es hora de buscar un profesional, como un médico y/o un terapeuta.

3. Con el tiempo, los niños de todas las edades pueden sufrir una regresión en su desarrollo. Un niño pequeño puede retroceder en el aprendizaje para ir al baño. Un adolescente puede comportarse de manera menos madura. Esto es normal, por un tiempo. Si tu hijo continúa retrocediendo o parece "estancado" en su desarrollo, habla con un médico o terapeuta.

4. Los preadolescentes, adolescentes y adultos jóvenes pueden correr el riesgo de actuar con base en sus sentimientos. Es posible que tomen malas decisiones, adopten comportamientos riesgosos o utilicen sustancias como el alcohol o las drogas para aliviar el dolor. Es posible que quieran gastar dinero que no tienen. O pueden recurrir a tener relaciones con gente del sexo opuesto para compensar la pérdida de uno de sus padres. Asegúrate de tener conversaciones sobre todos estos temas. Hay libros y programas que ayudan a abordar estas pláticas difíciles.

5. Los niños seguirán el ejemplo de los adultos de su círculo social inmediato, especialmente del padre superviviente, sobre cómo sobrellevar el duelo. Esta puede ser una de las áreas más difíciles de afrontar para nosotros, como padres. Aún en medio de nuestra conmoción y

dolor, debemos cuidar de nuestros hijos y darles un buen ejemplo. Nuestros hijos están observando cómo afrontamos, lloramos y sobrellevamos esta tragedia. Dado que aprenden más de lo que hacemos que de lo que decimos, los padres que modelan la expresión emocional auténtica, la comunicación abierta, el coraje y la resiliencia aumentarán las probabilidades de que sus hijos también puedan lidiar con la situación y se recuperen.

6. En tiempos de crisis, surgirán patrones familiares que resultarán conocidos. Estos comportamientos y estilos de comunicación afectarán la forma en que nosotros y nuestros hijos afrontamos el duelo.

A continuación, se muestran algunas dinámicas de crianza comunes:

- En muchas familias, uno de los padres es quien impone la disciplina y el otro es el padre más relajado y "divertido". Perder a nuestra pareja también significa perder el rol que desempeñaba en la crianza. Si el padre relajado permanece, es posible que necesite aprender a crear una estructura. Si el disciplinador permanece, es posible que necesite aprender a ser más flexible. Los programas de crianza positiva pueden ayudar al padre que permanece a equilibrar estos elementos necesarios de gracia y verdad.
Al crear una estructura, es importante encontrar una nueva rutina o ritmo lo más rápido posible. Los niños de todas las edades necesitan estructura, rutina, expectativas y límites para sentirse seguros, amados y como si alguien estuviera "a cargo". En nuestro duelo, habrá momentos en los que no podremos mantener nuestro horario o rutina típicos. Disciplinar a los niños, en esos momentos, parece como si intentáramos llevar rodando una roca cuesta arriba. Sin embargo, cuanto más tiempo se permita que el caos siga sin control, más difícil será frenarlo. La Biblia dice: "Disciplina a tu hijo, y te traerá tranquilidad" (Proverbios 29:17). Como padre que repentinamente se vuelve soltero, es posible que necesites ayuda con esta tarea.

> *Si bien no podemos controlar los resultados, implementar los principios anteriores nos ayudará a crecer a través de esta trágica experiencia. Entonces, nuestros hijos podrán volverse más resilientes y fuertes, y encontrarán mayor significado, propósito y esperanza.*

Cuando estás abrumado por la paternidad, es una señal de que debes tomarte un tiempo para ti mismo. Esto es lo más responsable que puedes hacer en beneficio de tus hijos. Considera incluir la ayuda de otros padres en tu sistema de apoyo. ¿Pueden cuidar a tus hijos pequeños mientras tienes una conversación adulta con otro amigo? ¿Pueden llevar a tu hijo adolescente de compras o al cine? ¿Puedes escaparte una tarde, o mejor aún, toda la noche para procesar tu propio dolor? Después de atender tus propias necesidades, te resultará más fácil abordar las necesidades de tus hijos.

- La perfección no es el objetivo de la paternidad. Podemos sentirnos culpables por nuestros defectos. Sin embargo, ¡ser un padre "lo suficientemente bueno" ya es suficiente! Aunque podamos ver lo que parecen ser familias ideales a nuestro alrededor, es sólo una ilusión.

Si bien no podemos controlar los resultados, implementar los principios anteriores nos ayudará a crecer a través de esta trágica experiencia. Entonces, nuestros hijos podrán volverse más resilientes y fuertes, y encontrarán mayor significado, propósito y esperanza.

Otro patrón de crianza común después de una pérdida es volverse permisivos e indulgentes en un intento de aliviar el dolor de nuestros hijos. Resiste el impulso de reemplazar tu dolor con actividades o cosas materiales. Estos son malos sustitutos del consuelo que nuestros hijos necesitan. ¡Nos quieren a nosotros, no a nuestros objetos materiales!

7. Una reunión familiar es una de las ayudas más valiosas para los padres. La comunicación es el pegamento que une a una familia durante una crisis. Celebrar reuniones familiares semanales brinda la oportunidad de orar y divertirse juntos, mantenerse al día sobre los próximos compromisos y actividades y celebrar los éxitos de los demás. Las reuniones también brindan un ambiente seguro y respetuoso en el cual es posible resolver problemas familiares comunes, como la distribución de las tareas y la gestión del tiempo y el transporte. Mantener un calendario familiar ayudará a reducir los malentendidos y la falta de comunicación que a menudo conducen a conflictos.

Ser padres viudos presenta muchos desafíos; sin embargo, a medida que nosotros, los padres, nos volvemos más resilientes, también lo hacen nuestros hijos. Mi definición favorita de resiliencia es *la capacidad de seguir adelante.* La adversidad puede impulsarnos hacia oportunidades para volvernos más fuertes como individuos y como familia. Es más que simplemente sobrevivir o superar algo; se trata de prosperar y, en última instancia, volverse incluso mejor que antes.

Una frase común en los grupos de viudos es: "Bienvenidos al club al que nadie quiere unirse". Sin embargo, aquí estamos. Y juntos podemos aprender, crecer y animarnos unos a otros en esta experiencia de crianza difícil pero, en última instancia, gratificante. Dependiendo de dónde te encuentres en tu proceso de duelo y de las circunstancias actuales, esto puede resultarte difícil de creer. ¡Aguanta! ¡Mantén la fe! ¡Ten por seguro que tus hijos y tú lo lograrán! Y, algún día, tal vez, encuentres significado y propósito al apoyar a otro que se ha unido al club al que nadie quiere unirse. Entonces, tú también podrás decir:

> Bendito sea el Dios y Padre de nuestro Señor Jesucristo, Padre misericordioso y Dios de toda consolación, quien nos consuela en todas nuestras tribulaciones para que, con el mismo consuelo que de Dios hemos recibido, también nosotros podamos consolar a todos los que sufren. (2 Corintios 1:3-4).

Ejercicios de reflexión:

1. ¿Cuáles son algunos ejemplos de buen cuidado personal y de comportamiento que te gustaría practicar y transmitir a tus hijos?

　

2. Según lo que has leído en este libro, ¿cuáles son dos cosas que puedes hacer para apoyar el proceso de sanación de tus hijos?

3. Actualmente, ¿cuál es tu mayor temor sobre la crianza de tus hijos? ¿Qué podrías hacer para sosegar ese temor?

_____
_____
_____
_____
_____
_____
_____
_____
_____
_____
_____
_____

Capítulo 12
Mi nueva identidad
por el Rev. Gary Vossler, M. Div.

La muerte de un ser querido puede provocar emociones ilícitas que no sabíamos que existían en nosotros. Eso ciertamente me pasó a mí después de la muerte de Sharon, mi esposa desde hacía cuarenta y un años. Anteriormente, habría hecho falta una película o un acontecimiento muy triste para hacerme llorar. Incluso en ese entonces, mis lágrimas habrían sido de corta duración y casi indetectables. Me aseguraba de que así fuera. Simplemente no tenía ganas de llorar, y ciertamente no iba a fingir. Mi esposa luchó contra el cáncer de mama de forma intermitente durante veintidós años. Con todos nuestros hijos presentes, ella finalmente falleció ante nuestros ojos. La muerte del amor de mi vida sobrepasó mi herencia y orígenes estoicos alemanes. Nunca supe lo que eran los sollozos incontrolables hasta el momento de su muerte. Las Escrituras dicen que hay un tiempo para todo, incluso para el llanto. Y esta fue mi temporada.

La muerte de un cónyuge puede sentirse como un ataque a cada aspecto de nuestro ser porque el significado de la relación matrimonial abarca convertirse en uno mismo con otro ser humano. Esta experiencia de pérdida puede ser abrumadora, traumática, y nos cambiará para siempre. Nuestra historia personal, nuestra identidad e incluso la estructura de quiénes somos comienza a cambiar. Esta drástica metamorfosis continuará durante los meses y años siguientes.

Aproximadamente un mes después de la muerte de Sharon, conduje solo desde donde vivo, en el estado de Washington, hasta Dakota del Sur para visitar a mi madre enferma y a otros familiares que se encontraban en la ruta. Conduje cerca de nueve mil kilómetros en tres semanas y media a través de los estados de Washington, Idaho, Montana y las Dakotas. ¡El paisaje a través de estas vastas extensiones era impresionante, y el clima de abril fue muy cooperativo! De camino a casa, recorrí los estados del suroeste.

Fue en este viaje que sentí emociones que no sabía que existían. Experimenté una profunda tristeza y aflicción, junto con culpa y dolor hasta un grado del que sólo había oído hablar y leído. Durante horas y horas, viajando por esas desoladas carreteras del este de Washington, Idaho, Montana y Dakota del Norte, sollocé con todo mi corazón. Sé que probablemente no debería haber estado conduciendo, porque hubo incontables kilómetros en los que ni siquiera vi el camino a causa de las lágrimas. Agradezco que hubo muy poco tráfico durante mi viaje.

Han pasado once años desde ese viaje por carretera, y he aprendido y experimentado mucho desde entonces. Después de la pérdida de un cónyuge, nunca olvidamos por completo la agonía que sufrimos. Sentiremos dolor de vez en cuando, pero será mucho menos frecuente e intenso. Después de un tiempo, no dolerá tanto, pero los recuerdos permanecerán.

La sanación llevará tiempo. Si bien podemos facilitar el proceso de sanación, también podemos hacer cosas que lo ralenticen, lo detengan por un tiempo o lo eviten por completo. Si enterramos nuestros sentimientos a través de las drogas, el alcohol o la adicción al trabajo, detendremos nuestro progreso. Incluso tener una nueva relación amorosa muy poco tiempo después de la muerte de nuestro ser querido puede retardar nuestra sanidad.

Al trabajar en nuestro propio viaje personal, es muy bueno revivir y volver a contar los eventos y recuerdos que compartimos con nuestro amor perdido. Contar nuestra historia puede ayudar a aliviar el dolor. Algunos incluso escriben cartas a su cónyuge fallecido como ayuda para despedirse.

Muchos de nosotros sentimos confusión unida al llanto. Otros sienten ira y debilidad. Tenía esos sentimientos porque mi mente estaba abrumada. Eso hizo que todo fuera lento e incómodo. Era como si mi computadora intentara ejecutar un programa mientras yo miraba otro.

Tuve la suerte de recibir seis meses de asesoramiento gratuito sobre el duelo a través de un centro de atención oncológica. Mi terapeuta era un hombre mayor muy versado en ayudar a los afligidos. Debido a su ascendencia letona, su forma única de compartir verdades muy útiles realmente me impactó. Dijo que hay dos elementos básicos esenciales en el proceso de duelo:

1. El primero es encontrar el sentido de la vida. Tu cónyuge

se ha ido, pero tú sigues aquí por una razón. Dios tiene un propósito para ti. Él te ayudará a encontrarlo.

2. El segundo es seguir viviendo mientras experimentas el duelo. Eres como un niño en la playa que está construyendo un castillo de arena completamente nuevo. Debes construir lentamente una nueva vida sin tu ser querido.

Durante esta temporada de construcción, es bueno llorar. El llanto es una tristeza normal y saludable que se expresa a través de las lágrimas. ¡Las lágrimas no significan que uno sea débil! Somos humanos, no ángeles. Ni siquiera somos pequeños querubines. Cometeremos errores a lo largo de nuestro viaje de duelo. Es útil aceptar con los brazos abiertos nuestra humanidad durante esta aventura. Recuerda ser bueno contigo mismo. Este es un axioma maravilloso para vivir mientras se experimenta dolor.

Es muy importante prestar atención a nuestra mente y corazón, y hablar mucho. Mi consejero de duelo dijo que aprendemos a vivir con el duelo. Debemos recorrer las etapas del proceso. Dijo que si hacemos algo para bloquearlo o ralentizarlo, sólo llevará más tiempo y dolerá más. La aflicción es eso: aflicción. Lo mejor que se puede hacer es cooperar con ella en lugar de luchar en su contra. Al final, será inevitable sentirla.

Lo cierto es que cada persona debe idear su propia arquitectura mientras estructura una nueva vida sin su ser querido. En el camino, podemos encontrar obstáculos. Podríamos centrarnos demasiado en el proceso de la muerte o negar la finalidad de la ausencia de nuestro cónyuge. Si esta es tu situación, el asesoramiento sobre duelo puede ayudarte a procesar los acontecimientos traumáticos del fallecimiento de tu cónyuge. Entonces, serás más capaz de aceptar la realidad de su muerte de tal manera que ya no evites pensar en ella.

> *Está bien tener una gran necesidad de compañía y pedirle a Dios que satisfaga esa necesidad. También está bien querer vivir como persona soltera. Démonos gracia unos a otros para cualquier camino por el que Dios nos lleve.*

Ahora, abordemos un tema que preocupa a muchas personas que han enviudado: encontrar el amor nuevamente. ¿Podemos encontrar el amor después de una pérdida? Algunos están muy interesados, y otros no tienen ninguna inclinación a volver a casarse. Cada uno de nosotros es único en este sentido. Desde que perdí a mi cónyuge, me he encontrado con muchas otras personas que también han enviudado. Me atrevería a decir que aproximadamente la mitad de ellos quiere encontrar un nuevo amor, y la otra mitad partirá recordando el amor que tuvieron. Esta es una elección totalmente personal, y sea la que sea, debe celebrarse.

Cuando se trata de una nueva relación, un sabio consejo dice que hay que darse mucho tiempo y espacio. Mi sabio consejero dijo que algunas personas se afligen más después de dos o tres meses que al principio. Ciertamente me afligí más el segundo mes que el primero porque estaba en ese viaje por carretera. Otros dicen que es bueno darse al menos un año antes de iniciar una relación de tipo matrimonial.

Entablar una relación romántica demasiado pronto puede ser tan delicado como caminar sobre hielo muy fino. No es justo para la nueva persona que la persona en duelo todavía esté atrapada en el pasado. Muchos se preguntan cuándo estarán listos. Realmente es imposible fijar un plazo de preparación para comenzar una nueva relación. Cada quien es único, y todos procesamos nuestro dolor a nuestro propio ritmo.

Hay cuatro áreas de compatibilidad a considerar cuando se busca una relación significativa. Estas son las siguientes: espiritual, intelectual, física y emocional. Aprendí cómo nutrirme y desarrollarme en estas áreas. En su libro, "The New Rules for Love, Sex, and Dating" (Las nuevas reglas para el amor, el sexo y las citas), Andy Stanley nos retó a convertirnos en el tipo de persona que buscamos.[10] Descubrí la inmensa importancia de volver a estar completo. Celebré al nuevo Gary que finalmente emergió de los escombros y el desconsuelo del dolor y la pena.

Está bien tener una gran necesidad de compañía y pedirle a Dios que satisfaga esa necesidad. También está bien querer

---

10 "The New Rules for Love, Sex, and Dating" (Las nuevas reglas para el amor, el sexo y las citas), Andy Stanley, Zondervan, Grand Rapids, MI, 2015.

vivir como persona soltera. Ya sea que decidamos permanecer solteros o casarnos nuevamente, podemos elegir seguir adelante a través de nuestro dolor. No vamos a "pasar la página" y dejar atrás a nuestro ser querido fallecido. Estamos "avanzando" al permanecer solteros o al pedirle a Dios que nos dé alguien nuevo a quien amar. Démonos gracia unos a otros por cualquier camino que Dios nos guíe.

También es importante considerar a tus hijos, quienes instintivamente querrán protegerte. No quieren que su padre sobreviviente salga lastimado. Si decides entablar una nueva relación poco después de la muerte de tu ser querido, tu nueva pareja deberá tener en cuenta los sentimientos de tus hijos y brindarles más gracia.

He tenido muchas conversaciones con mi Salvador sobre volver a casarme. He leído extensamente y escudriñado las Escrituras. A medida que cada persona estudie la Palabra de Dios por sí misma, también sentirá la dirección de Dios para su propia vida. Está loco por nosotros. Él nos ama tanto que incluso cuenta cada cabello de nuestra cabeza. Si Él está tan íntimamente preocupado por nosotros y nos ama tanto, no nos abandonará a la hora de volver a amar, si eso es lo que deseamos. Él está muy involucrado en cada aspecto de nuestras vidas.

Creo que el matrimonio es una empresa del Reino ordenada por el corazón mismo de Dios, tal como lo fue en el jardín para Adán y Eva. Si Dios reúne a dos personas, lo hace porque son más eficaces en el Reino juntas que por separado. Él ordena nuestras vidas en esta área tan importante para Su Gloria. Que Dios nos conceda gracia mientras vivimos para amarlo y servirle más.

Ejercicios de reflexión:

1. ¿Cuál ha sido tu momento más triste en tu viaje de duelo?

   _____
   _____
   _____
   _____
   _____
   _____
   _____
   _____
   _____

2. ¿Cómo te sientes al encontrar el amor nuevamente?

   _____
   _____
   _____
   _____
   _____
   _____
   _____
   _____
   _____

3. ¿Qué estás haciendo en el ámbito del autocuidado?

Una última palabra

El objetivo de este libro es ser tu guía de primeros auxilios durante el primer año tras la pérdida de tu cónyuge. El dolor y las circunstancias de cada quien son diferentes, pero esperamos que hayas encontrado consuelo al compartir lo que hemos aprendido a través de la experiencia.

El duelo es sólo temporal. Es una etapa en tu vida. El duelo tiene un principio, un desarrollo y un fin. PASARÁS el valle de sombra de muerte hasta llegar al otro lado. Tenemos el privilegio de caminar contigo y con Jesús a través de tu valle de dolor hacia un lugar hermoso y espacioso.

Luego de que ustedes hayan sufrido un poco de tiempo, Dios mismo, el Dios de toda gracia que los llamó a su gloria eterna en Cristo, los restaurará y los hará fuertes, firmes y estables (I Pedro 5:10).

Serán llamados "robles de justicia, plantío del Señor, para mostrar su gloria" (Isaías 61:3b).

Todavía estás aquí por una razón. Dios tiene un plan para tu vida. Una vez que hayas salido de tu dolor, descubrirás que has emergido como una nueva persona con una identidad y un propósito individuales. ¡Con la ayuda de Dios, lo lograrás!

> *"Pero de una cosa estoy seguro: he de ver la bondad del Señor en esta tierra de los vivientes. Pon tu esperanza en el Señor; cobra ánimo y ármate de valor, ¡pon tu esperanza en el Señor!"*
> *(Salmos 27:13-14).*

SOBRE LOS AUTORES

Bruce McLeod
Bruce ha formado grupos de hombres en GriefShare y, con Chris Taylor, es coautor del libro ***Take Heart! A Widowed Man's Guide to Growing Stronger.*** Bruce perdió a su esposa Cheri a causa del cáncer. Su trabajo con The Widows Project constituye un regreso como misionero familiar, algo a lo que él y Cheri fueron llamados a hacer y en lo que trabajaron constantemente hasta unas semanas antes de que Cheri falleciera. Formaron grupos pequeños para trabajar en mejorar relaciones y organizaron seminarios y sesiones de oración de sanación interior basados en principios cristianos.

Rev. Gary Vossler, M. Div
Sharon y yo nos conocimos en el Instituto Bíblico Moody. Estuvimos casados durante cuarenta y un años y servimos juntos al Señor en el ministerio de tiempo completo antes de que ella falleciera hace once años. Tuvimos cuatro hijos y, finalmente, diez nietos. Soy ministro ordenado con un Master en Divinidades y estudios de posgrado en Consejería Pastoral. También me dedico al asesoramiento financiero.

Joy Ost

Joy Ost comenzó su carrera hace más de treinta años como traductora e intérprete de español e inglés. Nacida en Estados Unidos, Joy ha residido en México la mayor parte de su vida, lo que le permite tener una mentalidad bicultural. Creó Word Factor S.C., una empresa que ofrece servicios de traducción, interpretación y enseñanza de idiomas a una cartera diversa de clientes. Anteriormente, Joy trabajó en Aeroméxico, participando en la implementación del Club Premier y la alianza SkyTeam.

Linda Smith, BS

Linda Smith estuvo casada con Kirby durante treinta y siete años, y tienen dos hijos y seis nietos. Tiene experiencia en educación, tanto cristiana como laica. Ha enseñado a todos los grupos de edad y, tras enviudar, ha dirigido varios grupos de apoyo para gente viuda.

Lisa C. Greene, MA, CFLE
Cuando Carl, el marido de Lisa, falleció inesperadamente, se vio sumergida en el caos de afrontar su propio dolor y criar sola a dos adolescentes. Lisa aprovechó su experiencia profesional como educadora certificada en vida familiar. Profesionalmente, Lisa es profesora adjunta en la Universidad de Concordia, oradora pública, autora de cuatro libros sobre paternidad y tiene una maestría en Educación para la vida familiar. Su mensaje es: "¡Puedes hacerlo!".

Mary Beth Woll, MA, LMHC
Mary Beth Woll estuvo casada con Bob durante casi treinta y nueve años antes de que el Señor se lo llevara a casa. Bob y Mary Beth fueron ministros de música durante veinte años. Tuvieron cuatro hijos y ocho nietos. Mary Beth tiene una maestría en psicología y como consejera, y trabaja como terapeuta en Meier Clinics. También es coautora de un libro con Paul Meier, M.D., *Growing Stronger: 12 Guidelines to Turn Your Darkest Hour into Your Greatest Victory (Cómo crecer fortalecido: 12 consejos para transformar los momentos más oscuros en tu mayor victoria).*

Nancy Honeytree Miller
Nancy Honeytree Miller ha grabado dieciséis álbumes y ha ejercido como ministra en todo Estados Unidos e internacionalmente. Cantó su CD "Call of the Harvest" en inglés, español y urdu (de Pakistán). Nancy y su esposo J.R. perdieron a su hijo recién nacido. Luego, veintitrés años después, J.R. partió para estar con el Señor. El hijo de Nancy, Will, y su familia viven cerca de ella. Actualmente participa en un ministerio en línea en español para la recuperación del duelo. Cuando está en casa, dirige servicios de adoración en Fort Wayne, Indiana.

Capellana Roberta Reyna, MA
Roberta se casó con Pedro Reyna y vivieron en México veintinueve años, trabajando juntos en el ministerio de la iglesia antes de que él muriera de cáncer. Tiene dos maestrías en Educación, y ha impartido clases desde preescolar hasta la universidad. Ha organizado y participado en viajes misioneros de corta duración por todo el mundo, principalmente en México. Tiene dos hijas y cuatro nietos. Actualmente, colabora con un grupo que brinda consuelo a personas en duelo, y también trabaja como capellana corporativa.

Ruth Ost-Martínez
Monterrey, México

Ruth estuvo casada con Victorio durante cuarenta y ocho años. Es madre de cinco hijos, abuela, bisabuela, maestra, pastora, consejera, autora, asesora y conferencista. Después de quedar viuda, su objetivo ha sido consolar a los afligidos.

www.ingramcontent.com/pod-product-compliance
Lightning Source LLC
LaVergne TN
LVHW061037070526
838201LV00073B/5082